SÉTIMA COLINA

José Manuel da Silva Passos

Bilhetes Postais Antigos do Largo do Rato à Praça D. Luís

Old Postcards of the Seventh Hill

Persistências e Inovações
no Decorrer de Quatro Décadas

LISBOA 94
CAPITAL EUROPEIA DA CULTURA

Livros Horizonte

Um Projecto do Departamento de Intervenção Urbana da Sociedade Lisboa 94

Projecto Sétima Colina

Administrador
Elísio Summavielle

Assessores
Gonçalo Couceiro
Helena Caria

....

Autor
José Manuel da Silva Passos

Colaboradores
Maria da Assunção Júdice Moreira

Design Gráfico
macPi

ISBN 972-24-0860-7

....

Selecções de cor
Policor

Impressão e acabamento
Printer Portuguesa

Depósito Legal nº 72264/93

Março 1994

Sociedade Lisboa 94

Presidente
Vítor Constâncio

Assessores
Imprensa, Relações Públicas e Protocolo
Maria Nobre Franco
Jorge Pires
Fernando Camecelha
Tomás Collares Pereira
Relações Internacionais
Ivone Cunha Rego

Assistente
Graça Maria Contreiras

Promoção

Administrador
José Luis Arnaut

Assessores
Rita Gallo
Sofia Costa Pessoa
Cláudia Gomes da Silva

Assistente
Maria do Carmo Basílio

Administração Geral

Administradora
Adelaide Rocha

Assessores
Miguel Lobo Antunes
João Nascimento
Paula Martins Guerreiro
Paula Catita

Assistente
Maria Carrelhas

Exposições

Administradora
Simonetta Luz Afonso

Assessores
Isabel Carlos
Rafaella d'Intino
Paulo Pereira

Assistente
Clara de Gubernatis
António Martins
Maria Amélia Ferreira da Silva
Pedro Bustorff

Intervenção Urbana

Administrador
Elísio Summavielle

Assessores
Gonçalo Couceiro
Maria José Machado Santos
Helena Caria

Música Clássica e Ópera

Administrador
José Carlos Megre

Assessores
Maria José Rino
Manuel Pedro Ferreira
Teresa Castanheira

Assistente
André Cordeiro

Congressos e Colóquios
Graça Vasconcelos
Rosa Midões Domingues

Teatro e Dança

Administradora
Maria Manuel Pinto Barbosa

Assessores
Jorge Salavisa
Margarida Lages
Teresa Reimão Pinto
Elsa Marques

Cinema e Vídeo

Administradora
Ana Costa Almeida

Assessores
Maria Miguel Santos Silva
Antónia Seabra

Animação, Música Popular e Edições

Administrador
Ruben de Carvalho

Assessores
Helena Costa
Inês Mota
Modesto Navarro

Lisboa 94 agradece a:

Administração do Porto de Lisboa
Bolsa de Valores de Lisboa
Caixa Geral de Depositos
Cimpor Cimentos de Portugal, S.A.
EDP - Electricidade de Portugal, S.A.
IBM
Império
TAP Air Portugal

Índice

Contents

Silva Passos is an attentive, interested and persistant researcher. He is also a collector who seeks, selects and identifies. He makes all this information, accumulated along the years, available to us through its publication or exhibition.

At a time, as the present, in which each one tends to live for himself, caught up in his own problems, envious of his knowledge, it is wonderful to meet people with such a human dimension as Silva Passos, for whom I have a great admiration and esteem.

To go through the streets which run from Rato to Praça D. Luís, through the Polytechnic, Rua D. Pedro V, Largo da Misericórdia, making a quick skip at Chiado, passing through the Ribeira and São Paulo, is an extremely pleasing route, no matter what the means of transport may be.

Today, we are going to do this walk in a different manner. We are going to walk *through illustrated postcards printed throughout this century. They allow us to get to know the Lisbon which has since disappeared and which has left us with* saudades *(longing); to recall spaces, transportation, fashion; to revive popular characters who are a part of our imagination: the fishwife, the saleswoman, who in the photographs, appear to be halted images waiting for orders to be able to continue.*

The illustrated postcards are a very important documental source in the study of Urban History. They reproduce, in an objective and realistic manner, the city and its spaces, the streets, the squares, the buildings and the population with its diversified clothing.

As far as Cartophilia is concerned, such a detailed identification, as the one made by the author, is of major importance in order to enable us to study the authors and the publishers of these postcards, as well as the printing techniques used.

Lisbon, the Cultural Capital 1994, will have the privilege of presenting, among its events, this Exhibition of Illustrated Postcards which brings to us, through its old images, the pathways of the Seventh Hill. Thank goodness, we have Silva Passos and his work put at our disposition and for this Exhibition which, from this moment on, will remain patent.

January 1994

Maria da Assunção Júdice Moreira
Cabinet for Olisiponese Studies

Silva Passos é um investigador atento, interessado e persistente; é, também, um coleccionador que procura, escolhe, identifica e permite que toda essa informação, recolhida ao longo dos tempos, seja acessível a todos nós através da sua publicação ou exposição.

Numa época, como a actual, em que cada um tende a viver para si, enredado nos seus problemas, cioso dos seus conhecimentos, sabe bem encontrar pessoas com a dimensão humana de Silva Passos, por quem tenho a maior admiração e estima.

Percorrer o caminho que vai do Rato à Praça D. Luís, através da Politécnica, da Rua D. Pedro V, do Largo da Misericórdia, dando um salto ao Chiado, passando na Ribeira e em São Paulo é um passeio extremamente agradável, seja qual for o meio de transporte.

Hoje iremos fazer esse percurso de um modo diferente, através de bilhetes postais ilustrados, editados ao longo deste século, que nos levam a conhecer uma Lisboa que já desapareceu e que deixou saudades; a relembrar espaços, transportes, modos de vestir; a reviver tipos populares que fazem parte do nosso imaginário, as varinas, as vendedeiras, e que, pela qualidade da fotografia, mais parecem imagens paradas à espera de ordens para continuar.

Os bilhetes postais ilustrados são uma fonte documental importantíssima para o estudo da História Urbana, eles reproduzem de uma forma objectiva e realística a cidade e os seus espaços, a rua, o largo, os edifícios, a população com o seu modo de trajar tão diferenciado.

Quanto à Cartofilia, uma identificação tão pormenorizada, como a que é feita pelo autor, é da maior importância para se poder fazer um estudo sobre os editores e autores desses postais, bem como das técnicas de impressão utilizadas.

Lisboa, Capital da Cultura 1994, terá o privilégio de ter entre os seus eventos esta Exposição de Bilhetes Postais Ilustrados que nos traz, através de imagens antigas, os percursos da Sétima Colina. Bem haja Silva Passos por mais esta obra que põe à nossa disposição e por esta Exposição que a partir de agora aqui ficará patente.

Janeiro 1994

Maria da Assunção Júdice Moreira
Gabinete de Estudos Olisiponenses

José Manuel da Silva Passos *was born in Lisbon on 17 December 1939. He has a degree in Philosophy from the University of Oporto. A researcher in Urban History, he co--founded various Associations for the Defence of Heritage, having been one of the pioneers of the mouvement. He was the secretary for the National Commission for European Architectonic Patrimony 1975; and is a member of the Scientific Council of the National Council of the ICOMS (International Council on Monuments and Sites). He has elaborated three* Studies on Prospecting, Defense and Restoration of Urban Landscape *for Vila do Bispo, Sagres and Estômbar. He is co-author of* Plano de Salvaguarda e Reabilitação do Núcleo Central Histórico de Beja *(A Plan for the Protection and Restoration of the Historic Central Nucleus of Beja), ed. FADEPA and the Town Hall of Beja, 1981, which was considered "a demonstration project" by the "European Campaign for the Renewal of Cities"; and of* Estudo de Preservação e Renovação Urbana de Ponte de Lima *(A Study on Urban Conservation and Restoration of Ponte de Lima), ed. DGPU, 1982. Organizer of the edition* Zonas Especiais de Protecção *(Special Protection Areas) for the Portuguese Architects Association, 1989. Co-ordinator of* Estudos de Integração do Património Histórico-Urbanístico para a Reabilitação Urbana *(Studies on the Integration of Historic-Urban Heritage towards Urban Restoration), ed. SEC and SEALOT, 1990. Author of various published articles on Cartophilia and Ethnography. He has held individual exhibitions on Old Cartophilia - theme Urban History - in Lisbon (three), Óbidos, Montemor-o-Velho, Tomar, as well as for the Commemorations of the10th June in 1991. He has published a book titled* O Bilhete Postal Ilustrado e a História Urbana de Lisboa *(The Illustrated Postcard and the Urban History of Lisbon), ed. Caminho, Lisboa, 1990. 2nd ed., 1993.*

Nota Biográfica

José Manuel da Silva Passos nasceu em Lisboa a 17 de Dezembro de 1939. É licenciado em Filosofia pela Universidade do Porto; investigador de História Urbana; membro fundador de algumas Associações de Defesa do Património, de cujo movimento foi um dos pioneiros. Foi secretário da Comissão Nacional do Ano do Património Arquitectónico Europeu 1975; e integra a Comissão Científica da Comissão Nacional do ICOMS (International Council on Monuments and Sites). Elaborou três *Estudos de Prospecção, Defesa e Recuperação da Paisagem Urbana* para Vila do Bispo, Sagres e Estômbar. É co-autor do *Plano de Salvaguarda e Reabilitação do Núcleo Central Histórico de Beja*, ed. FADEPA e Câmara Municipal de Beja, 1981, que foi considerado "projecto de demonstração" pela "Campanha Europeia para o Renascimento das Cidades"; e do *Estudo de Preservação e Renovação Urbana de Ponte de Lima*, ed. DGPU, 1982. Organizador da edição *Zonas Especiais de Protecção* para a Associação dos Arquitectos Portugueses, 1989. Coordenador dos *Estudos de Integração do Património Histórico-Urbanístico para a Reabilitação Urbana*, ed. SEC e SEALOT, 1990. Autor de vários artigos publicados sobre Cartofilia e Etnografia. Realizou exposições individuais de Cartofilia Antiga - tema História Urbana - em Lisboa (três), Óbidos, Montemor-o-Velho e em Tomar, nas Comemorações do 10 de Junho de 1991. Publicou o livro *O Bilhete Postal Ilustrado e a História Urbana de Lisboa*, ed. Caminho, Lisboa, 1990 - 2ª edição de 1993.

Among the events planned for "Lisbon 94 - European Capital of Culture", is included a thematic exhibition of Old Illustrated Postcards, which is linked to the theme "Do Largo do Rato à Praça D. Luís - persistências e inovações no decorrer de quatro décadas" (From Rato Square to D. Luís Square - persistence and innovations throughout four decades).

With this show of Cartophilia, we hope to introduce the visitor, through the images which the illustrated postcards caught, to an urban thread of particular interest for the Urban History of Lisbon as well as its diverse social vitality, in particular that of its waterfront area.

Maria da Graça Nolasco da Silva, when referring to the Illustrated Postcard, considered it as "a very lively source of documentation, which directly tells us, without an intermediary or interpretation, the facts. Thereby offering us, indirectly, the taste, mentality and worries of an era."

Being apparently simple and modest, this 9 x 14cm cardboard rectangle is open to all ideas. It is one of the most important informative sources of agglomerated Urban History. Side by side with written and cartographic documentation, the Illustrated Postcard gives us a living and palpitating image of human life, just as physical evolution through the architectonic, urbanistic and urban building changes is passed on to us.

Urban History is defined by the characteristic study and analysis of the origines and development of urban agglomerates, whatever its dimension, dynamics and vitality may be.

The urban thread or tissue is structured by streets, avenues, squares, plazas, open and private spaces which circumscribe or integrate whole blocks and quarters, where its inhabitants, participants in common life, give it historical, social, cultural, political and administrative identification.

Therefore, one of the objectives of this iniciative is to point out the role that the Illustrated Postcard has as a live illustration of the historical transformation, in its more ample meaning. In this particular case, a specific area of the city of Lisbon - the urban axis centered between Largo do Rato and Praça D. Luís - is presented through images. The inclusion of this area called, at the end of the century, Aterro, seemed important to us, both socially, for what it shows of the waterfront activity, and from an urban and arquitectonic point of view, without forgetting the Pombaline São Paulo Square at the foot of Madragoa. Of course, it became necessary to associate two important arteries which are intimately linked to this urban area - Rua Garrett and Rua do Arsenal, the latter beginning at Praça do Município.

Due to their rich information, the images do not need much comment, but whenever we considered them useful, we included them in the file corresponding to each Postcard.

One must point out, upon finishing this introduction, the presence of publishers who dedicated, in an unexpected manner, their attention to this field, either through their quantity - four foreign publishers and fifteen national - or the quality of the image.

We would also like to mention, as a final point to this show, the presence of an illustrator of great merit - Alice Rey Colaço - as well as some of the more characteristic salespeople of those eras.

Lastly, I would like to thank Dr. Maria da Assunção Moreira, illustrious director of the Cabinet for Olisiponese Studies, Dr. Matilde Pessoa Figueiredo de Sousa Franco, director of the National Assembly Library and Sociedade Lisboa 94 for their colaboration. I would especially like to thank Dr. Elísio Summavielle, for his confidence in me and his honourable invitation.

José Manuel da Silva Passos

Introdução

No âmbito das realizações programadas para "Lisboa 94 - Capital Europeia da Cultura" inclui-se uma exposição temática de Bilhetes Postais Ilustrados Antigos, subordinada ao tema "Do Largo do Rato à Praça D. Luís - persistências e inovações no decorrer de quatro décadas".

Por esta mostra de Cartofilia pretende-se dar a conhecer ao visitante, através da imagem que os Bilhetes Postais Ilustrados fixaram, um percurso urbano de grande interesse para a História Urbana de Lisboa e de grande vitalidade social, em especial na área ribeirinha.

Maria da Graça Nolasco da Silva ao referir-se ao Bilhete Postal Ilustrado considera-o como "fonte de documentação vivíssima, quer directa, relatando-nos sem intermediário nem interpretação o facto, quer dando-nos indirectamente o gosto, a mentalidade e as preocupações de uma época".

Sendo aparentemente simples e modesto, esse rectângulo de cartolina, 9 x 14 cm, presta-se a todas as ideias e é uma das mais importantes fontes informativas da História Urbana dos aglomerados. A par da documentação escrita e cartográfica, ele, o Bilhete Postal Ilustrado, dá-nos tanto a imagem viva e palpitante da vivência humana, como nos transmite a evolução física através das alterações arquitectónicas, urbanísticas e de mobiliário urbano.

A História Urbana define-se pelo estudo, caracterização e análise do aglomerado urbano, sua origem e desenvolvimento, qualquer que seja a sua dimensão, dinâmica e vitalidade.

A malha ou tecido urbano é estruturada por ruas, avenidas, largos e praças, espaços livres públicos e privados que delimitam ou integram quarteirões e bairros, onde os seus habitantes, participantes da vida comum, lhe dão identidade histórica, social, cultural, política e administrativa.

É, portanto, um dos objectivos desta iniciativa salientar o papel que o Bilhete Postal Ilustrado desempenha como ilustração viva do devir histórico, no seu sentido mais amplo e, neste caso concreto, mostrar imageticamente uma área específica da cidade de Lisboa - o eixo urbano definido entre o Largo do Rato e a Praça D. Luís.

A inclusão da área chamada, no fim do século, do Aterro, pareceu-nos importante quer no aspecto social pelo que mostra da actividade ribeirinha, quer no que se prende com a componente urbanística e arquitectónica, sem esquecer o pombalino Largo de S. Paulo no sopé da Madragoa.

Claro que se tornou necessário agregar a esta área urbana duas artérias que com ela intimamente se relacionam - a Rua Garrett e a Rua do Arsenal, esta última partindo da Praça do Município.

As imagens, pela sua riqueza informativa, dispensam grandes comentários, mas sempre que forem considerados úteis incluímo-los na ficha correspondente a cada Bilhete Postal.

Salienta-se, no final desta introdução, a presença dos editores que dedicaram, de uma forma inesperada, a sua atenção a esta área, quer pela quantidade - quatro editores estrangeiros e quinze nacionais - quer pela qualidade da imagem.

Refira-se também, como finalizando esta mostra, a presença de uma ilustradora de grande mérito - Alice Rey Colaço - e alguns dos vendedores mais característicos daquelas épocas.

Por último cumpre-me agradecer a colaboração da Drª Maria da Assunção Moreira, ilustre directora do Gabinete de Estudos Olisiponenses, e da Drª Matilde Pessoa Figueiredo de Sousa Franco, digníssima directora da Biblioteca da Assembleia da República; à Sociedade Lisboa 94, em especial ao Dr. Elísio Summavielle, pela confiança em mim depositada e o honroso convite.

José Manuel da Silva Passos

As mentioned in ***Catálogo da 1ª Exposição Nacional de Postais Antigos - Bragança 1984*** *(Catalogue of the First National Exhibition of Old Postcards) - "(...) since the last decade of the 1800s, Illustrated Postcards circulated in Portugal printed by foreign publishers - German, Swiss, French, Belgian and English - most likely sent from their country of origin by commercial agents, tourists and members of our Diplomatic Corps. (...) The publishing production was quite large, due to the enormous technical and financial capacity in relation to, above all, their Portuguese competitors who were still taking their first steps into this specialized branch of industry".*

One of these publishers was Ludovic Edouard Barrault, photographer and notable lithographer from Poitiers, France, where he was born in 1845. He came to Portugal very young, and he founded the ***Litografia Edouard Barrault****, on Calçada da Glória, where it existed until 1938. He died at the age of 66 on the 10th December, 1911. He used the inicials* ***B.P.****, which are believed to stand for* ***Barrault Photographie****.*

In this show, the following numbers represent his work: 26, 31, 45, 59, 75.

A Swiss, with the inicials ***P.Z.*** *(Photoglob C° Zürich), a delegation in Lisbon and an office in Oporto, had a vast production. He appears to have ended his editorial production in 1908. Of this publisher, we have numbers 117, 118 and 129.*

From Germany, we have the firm ***Purger & C°, München, Photocromiekarte****, that did not publish in Portugal, but whose imported Illustrated Postcards circulated in our country. The cards presented mostly views, particularly of Coimbra. The firm is presented by numbers: 36 and 109.*

Finally, with the inicials ***G. et F.****,* ***G. & F.****, and* ***G. e F.*** *(Garment et Fils?) of a publisher located or with an office in Lisbon, whose numerous Illustrated Postcards circulated in Portugal. The firm is presented by numbers 24, 25, 93 and 94.*

The fact that the majority of these foreign publishers halted their activity, in Portugal, between 1906 and 1908, proves that, around this time, Portuguese publishers, whose production had begun in 1898, were now technically capable to compete and control a rather large part of the market with their own beautiful phototypical postcards made from clichés taken by our own major photographers.

Como se refere no ***Catálogo da 1ª Exposição Nacional de Postais Antigos - Bragança 1984*** - "(...) desde a última década de 800, pelo menos circularam em Portugal Bilhetes Postais Ilustrados de editores estrangeiros - alemães, suíços, franceses, belgas e ingleses -, muito provavelmente enviados do país de origem por agentes comerciais, turistas e membros do nosso Corpo Diplomático. (...) A produção editorial foi muito grande, dada a sua enorme capacidade técnica e financeira, em relação, sobretudo, aos seus competidores portugueses, a darem os primeiros passos neste ramo especializado da indústria".

Um destes editores é Ludovic Edouard Barrault, fotógrafo e litógrafo notável, natural de Poitiers (França), onde nasceu em 1845. Veio muito novo para Portugal, onde fundou a **Litografia Edouard Barrault**, na Calçada da Glória e que ainda em 1938 existia. Faleceu com sessenta e seis anos a 19 de Dezembro de 1911. Usou a sigla **B. P.** que se crê corresponder a **Barrault Photographie**.

Deste editor registamos, nesta mostra, os seguintes n^{os}: 26, 31, 45, 59, 75.

Um suíço, com a sigla **P. Z.** (Photoglob Cº Zürich) com delegação em Lisboa e escritório no Porto, teve uma vasta produção e, ao que parece terminou a sua actividade editorial em 1908. Deste editor temos aqui os n^{os}: 117, 118 e 129.

Da Alemanha temos a firma **Purger & Cº, München, Photocromiekarte**, que não editou em Portugal e cujos Bilhetes Postais Ilustrados importados, circularam no nosso país, sobretudo com vistas de Coimbra e outras, desta firma encontramos os n^{os}: 36 e 109.

Por fim, com as siglas **G. et F.**, **G. & F.** e **G. e F.** (Garment et Fils?) de um editor fixado ou com escritório em Lisboa, circularam numerosos Bilhetes Postais Ilustrados, dos quais referenciamos os n^{os}: 24, 25, 93 e 94.

O fim da actividade em Portugal da maioria dos editores estrangeiros verificou-se entre 1906 e 1908, provando que nesta altura já os editores portugueses, cuja produção fora iniciada em 1898, tinham capacidade técnica para competir e controlavam, mesmo, grande parte do mercado nacional, com belos postais fototípicos, de clichés dos nossos grandes artistas fotógrafos.

One of the most important is, whitout doubt, Faustino António Martins, well-known stamp-collector, who also dedicated, on a large scale, his life to Cartophilia. His establishment was founded in 1887 at 35 Praça Luís de Camões, in Lisbon. He used many siglas: ***F.A. Martins / Martins & Silva / M. & S. / F.A.M.***

We point out the following numbers from this show:

F. A. Martins *- 2, 6, 9, 11, 12, 14, 19, 20, 34, 44, 46, 49, 52, 55, 57, 65, 70, 82, 90, 119, 124, and 130.*

Martins & Silva *- 1, 27, 54, 83, and 89.*

M. & S. *- 67.*

Another publisher with a significant presence is ***Tabacaria Rocha****, located on 98 Rua do Arsenal, Lisbon. He used various siglas:* ***Rocha, S.R. / Tabacaria Rocha / S. & Rocha.***

With the sigla ***Rocha****, we have number 71, with* ***S.R.****, numbers 68, 74, 85, 101, 103, 122, 141, 142, 143 and 144; with* ***Tabacaria Rocha****, number 81; and lastly, with the sigla* ***S. & Rocha****, number 50.*

Another national publisher which appears with some relevance is ***Tabacaria Costa*** *owned by António Maria da Costa, located on 295 Rua do Ouro, Lisbon. He used the sigla* ***TC****. He is represented here by the following: 7, 8, 10, 15, 16, 28, 29, 48, 58, 60, 108, 114, 133 and 136.*

With a lesser dimension, we find the following publishers: ***M.I.R.****, (numbers 3, 5, 126);* ***Malva*** *(Alberto Malva), number 43 and* ***M. & R.*** *(Malva & Rocha), numbers 40, 51, 97 and 134;* ***Jerónimo Martins & Filho*** *with number 61,* ***Grandes Armazéns do Chiado****, numbers 63 e 64;* ***Tabacaria Ingleza****, located on 18 Praça Duque da Terceira, Lisbon, of which we have two examples: numbers 73 and 113;* ***Papelaria e Typographia Santos & Magalhães,*** *10-12 Rua da Prata, Lisbon, with number 53;* ***Papelaria Guedes****, 80 Rua Áurea, number 139;* ***E. Dias Serras****, 26-28 Rua Áurea, Lisbon, number 127;* ***M. Corrêa dos Santos****, 12 Rua da Prata, Lisbon, with number 86;* ***Ocogravers, Lda****, 18 Rua D. Pedro V, Lisbon, with number 62;* ***Postalfoto****, with number 4;* ***Eduardo Portugal****, photographer and clerk at the City Council of Lisbon, number 38; and finally,* ***António Passaporte****, photographer, with a workshop on 88 Rua Luciano Cordeiro, Lisbon, with numbers 99, 100 and 128.*

Um dos mais importantes é sem dúvida Faustino António Martins, conhecido filatelista, que também se dedicou, em larga escala, à Cartofilia. Tinha o seu estabelecimento, fundado em 1867, na Praça Luís de Camões, 35, em Lisboa. Usou diversas siglas: **F. A. Martins** / **Martins & Silva** / **M. & S.** / **F. A. M.**

Nesta mostra detectámos os seguintes números:

F. A. Martins - 2, 6, 9, 11, 12, 14, 19, 20, 34, 44, 46, 49, 52, 55, 57, 65, 70, 82, 90, 119, 124 e 130.

Martins & Silva - 1, 27, 54, 83 e 89.

M. & S. - 67.

Um outro editor com expressiva presença é a **Tabacaria Rocha**, sita na Rua do Arsenal, 98, Lisboa. Usou diversas siglas: **Rocha, S. R.** / **Tabacaria Rocha** / **S. & Rocha**.

Assim temos com a sigla **Rocha** o nº 71; com a sigla **S. R.** os nºs 68, 74, 85, 101, 103, 122, 141, 142, 143 e 144; com a indicação de **Tabacaria Rocha** o nº 81; e, por último, com a sigla **S. & Rocha** o nº 50.

Um outro editor nacional que aqui surge com alguma expressão é a **Tabacaria Costa**, de António Maria da Costa, sita na Rua do Ouro, 295, em Lisboa. Usou a sigla **TC**. Temos aqui, deste editor, os seguintes nºs 7, 8, 10, 15, 16, 28, 29, 48, 58, 60, 108, 114, 133 e 136.

Com menor dimensão encontramos os seguintes editores: **M. I. R.** com os nºs 3, 5 e 126; **Malva** (Alberto Malva) nº 43 e **M. & R.** (Malva & Roque) nºs 40, 51, 97 e 134; **Jerónimo Martins & Filho** com o nº 61; os **Grandes Armazéns do Chiado** nºs 63 e 64; da **Tabacaria Ingleza**, sita na Praça Duque da Terceira, 18, em Lisboa, temos dois exemplares com os nºs 73 e 113; a **Papelaria e Typographia Santos & Magalhães**, Rua da Prata, 10-12, em Lisboa, com o nº 53; a **Papelaria Guedes**, na Rua Áurea, 80, em Lisboa, o nº 139; **E. Dias Serras**, Rua Áurea, 26-28, em Lisboa, o nº 127; **M. Corrêa dos Santos**, na Rua da Prata, 12, em Lisboa, com o nº 86; a **Ocogravura, Lda.**, na Rua D. Pedro V, 18, em Lisboa, com o nº 62; a **Postalfoto** com o nº 4; **Eduardo Portugal**, fotógrafo e funcionário da Câmara Municipal de Lisboa, com o nº 38 e, finalmente, **Antônio Passaporte**, fotógrafo, com atelier sito na Rua Luciano Cordeiro, 88, em Lisboa, com os nºs 99, 100 e 128.

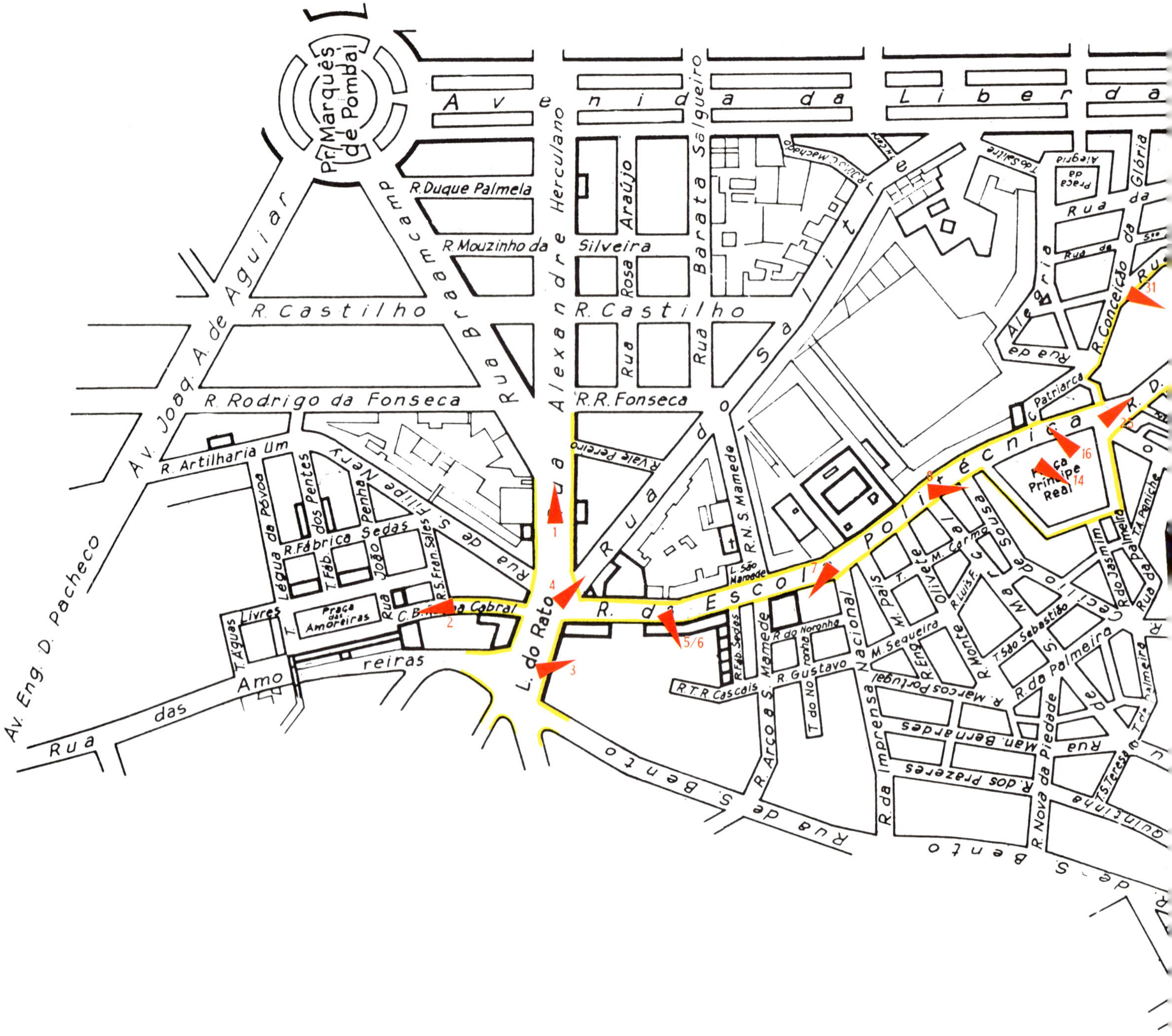

Pr. Marquês de Pombal
Avenida da Liberdade
R. Duque Palmela
R. Mouzinho da Silveira
R. Castilho
R. Castilho
R. Rodrigo da Fonseca
R. R. Fonseca
Av. Joaq. A. de Aguiar
Rua Braamcamp
Rua Alexandre Herculano
Araújo
Rua Rosa
Rua Barata Salgueiro
Rua do Salitre
R. Artilharia Um
Rua de S. Filipe Nery
R. Vale Pereira
R. N. S. Mamede
L. São Mamede
L. do Rato
R. da Escola Politécnica
Praça Príncipe Real
Av. Eng. D. Pacheco
Rua das Amoreiras
Praça das Amoreiras
T. Águas Livres
Légua da Póvoa
dos Pentes
Penha
Rua João
R. Fábrica Sedas
T. Fáb. Sedas
R. S. Fran. Sales
Cabral
R. Fáb. Sedas
R. Arco a S. Mamede
R. do Noronha
T. do Noronha
R. Gustavo
R. T. R. Cascais
Rua de S. Bento
R. da Imprensa Nacional
M. Pais
R. Eng.
M. Sequeira
Olivete
R. Monte
R. Luís F.
M. Carmo
Sousa
R. Marcos Portugal
Man. Bernardes
R. dos Prazeres
R. Nova da Piedade
R. da Palmeira
T. São Sebastião
Rua da Alegria
Praça da Alegria
Rua da Glória
R. Conceição da Glória
C. Patriarca
R. do Jasmim
Rua da Palmeira
T. A. Peniche
T. S. Teresa
Quintinha
1
2
3
4
5/6
7
8
14
16
25
31

Praça dos Restauradores
R. S. Pedro de Alcântara
Calçada da Glória
R. das Taipas
R. da Oliveira
R. Duque
R. Condessa
Largo do Carmo
Calçada do Carmo
R. do Carmo
R. Garrett
Largo do Chiado
Rua Nova do Almada
Rua Ivens
Rua Serpa Pinto
R. Capelo
R. Ant. Maria Cardoso
R. Vitor Cordon
R. da Misericórdia
R. Nova da Trindade
R. do Loreto
R. Horta Sêca
R. da Emenda
R. das Flores
Calçada do Combro
Rua da Academia das Ciências
Rua de S. Paulo
R. dos Remolares
Pr. Duque da Terceira
R. Ribeira Nova
Praça D. Luís
Rua da Boavista
Rua Dom Luís I
R. Instituto Industrial
Largo Conde Barão
R. Fern. Tomás
Rua do Poço dos Negros
Rua de S. Bento
R. dos Poiais de S. Bento
Av. Vinte e Quatro de Julho
Avenida D. Carlos I
37
38
42
48
50
52
57
66
68
74
76
80
96
98/126
123
127
132

Lisboa - Rua Alexandre Herculano

1

LOCAL DE EDIÇÃO: Lisboa

ANO DE EDIÇÃO: [190...]

EDIÇÃO Nº 1701

EDITOR: Martins & Silva - Praça Luís de Camões, 35 Lisboa

COR: preto e branco

TÉC. IMPRESSÃO: fototipia

OBSERVAÇÕES: À esquerda, o imponente edifício da autoria do arquitecto Miguel Ventura Terra (1866 - 1919). Este notável imóvel, prémio Valmor, é um bom exemplo da arquitectura de *boulevard*, infelizmente pouco cuidado pelos proprietários. À direita, a Garagem Auto-Palace, projecto de 1906 assinado por Vieillard & Touzet.

Lisboa - Largo do Rato [Calçada Bento da Rocha Cabral]

2

LOCAL DE EDIÇÃO: Lisboa

ANO DE EDIÇÃO: [190...]

EDIÇÃO Nº 1026

EDITOR: F. A. Martins - Praça Luís de Camões, 35 - Lisboa

COR: preto e branco com vermelho

TÉC. IMPRESSÃO: fototipia

OBSERVAÇÕES: À direita, a Capela do Rato e a fachada lateral do Palácio Praia e Monforte. Ao fundo, o início da Rua da Escola Politécnica.

3 Largo do Rato - Lisboa

LOCAL DE EDIÇÃO: Lisboa

ANO DE EDIÇÃO: [190...]

EDIÇÃO Nº 3

EDITOR: M. I. R.

COR: policromia

TÉC. IMPRESSÃO: fototipia animada

OBSERVAÇÕES: De notar os edifícios frente ao Mosteiro das Trinitárias do Rato, que davam continuidade à Rua de S. Bento. À direita, o Palácio do Marquês da Praia e Monforte, actual Sede Nacional do Partido Socialista.

4 Lisboa - Largo do Rato

LOCAL DE EDIÇÃO: Lisboa

ANO DE EDIÇÃO: [1950]

EDIÇÃO Nº 293

EDITOR: Postalfoto

COR: preto e branco

TÉC. IMPRESSÃO: fotografia

OBSERVAÇÕES: O Mosteiro das Trinitárias foi instituído por Manuel Gomes de Elvas, tendo-se iniciado as obras em 1633, mas só em Junho de 1721 começou a clausura. Em 1880, obras de adaptação a um asilo, segundo projecto de Luís Caetano Pedro de Ávila.

Rua da Escola Polytechnica - Lisboa

5

LOCAL DE EDIÇÃO: Lisboa

ANO DE EDIÇÃO: [190...]

EDIÇÃO Nº 2

EDITOR: M. I. R.

COR: policromia

TÉC. IMPRESSÃO: fototipia animada

OBSERVAÇÕES: Em 1755 chamava--se Rua da Cotovia. À esquerda, no início da rua, o edifício da Antiga Real Fábrica das Sedas. Esta fábrica foi mandada edificar por decreto de 14 de Março de 1759.

Lisboa - Palácio Palmela

6

LOCAL DE EDIÇÃO: Lisboa

ANO DE EDIÇÃO: [190...]

EDIÇÃO Nº 947

EDITOR: F. A. Martins - Praça Luís de Camões, 35 - Lisboa

COR. preto e branco

TÉC. IMPRESSÃO: fototipia

OBSERVAÇÕES: Edifício dos finais do século XVIII do arquitecto Manuel Caetano de Sousa (1730 - 1802) com profundas alterações em épocas posteriores. Actual Procuradoria -Geral da República.

7

Escola Polytechnica de Lisboa

LOCAL DE EDIÇÃO: Lisboa

ANO DE EDIÇÃO: [190...]

EDIÇÃO Nº 844

EDITOR: Costa - Rua do Ouro, 295 - Lisboa

COR: preto e branco

TÉC. IMPRESSÃO: fototipia

OBSERVAÇÕES: Inicialmente foi o Colégio dos Nobres, instituído por decreto de 7 de Março de 1761. Abolido a 10 de Janeiro de 1837. Foi a Escola Politécnica instituída a 11 de Janeiro de 1837, actual Faculdade de Ciências.

8

Escola Polytechnica de Lisboa

LOCAL DE EDIÇÃO: Lisboa

ANO DE EDIÇÃO: [190...]

EDIÇÃO Nº 1193

EDITOR: Costa - Rua do Ouro, 295 - Lisboa

COR: preto e branco

TÉC. IMPRESSÃO: fototipia

OBSERVAÇÕES: Fotografia obtida da Rua Cecílio de Sousa.

Lisboa - Um trecho do Jardim da Escola Polytechnica

9

LOCAL DE EDIÇÃO: Lisboa

ANO DE EDIÇÃO: [190...]

EDIÇÃO Nº 9

EDITOR: F. A. Martins - Praça Luís de Camões, 35 - Lisboa

COR: policromia

TÉC. IMPRESSÃO: fototipia animada

OBSERVAÇÕES: A sua criação data do ano de 1837.

Lago no Jardim Botanico - Lisboa

10

LOCAL DE EDIÇÃO: Lisboa

ANO DE EDIÇÃO: [190...]

EDIÇÃO Nº 1617

EDITOR: Tabacaria Costa - Rua do Ouro, 295 - Lisboa

COR: policromia

TÉC. IMPRESSÃO: fototipia animada

OBSERVAÇÕES:

11 Lisboa - O observatorio da Escola Polytechnica

LOCAL DE EDIÇÃO: Lisboa

ANO DE EDIÇÃO: 1904

EDIÇÃO Nº 58

EDITOR: F. A. Martins - Praça Luís de Camões, 35 - Lisboa

COR: preto e branco

TÉC. IMPRESSÃO: fototipia

OBSERVAÇÕES: A mais antiga das instituições do seu género no nosso país e até uma das mais antigas de todo o mundo. Foi seu fundador o Dr. Guilherme José António Dias Pegado (1803 - 1885), e começou a funcionar em 1854.

12 Lisboa - Lago e estufa do Jardim da Escola Polytechnica

LOCAL DE EDIÇÃO: Lisboa

ANO DE EDIÇÃO: [190...]

EDIÇÃO Nº 125

EDITOR: F. A. Martins - Praça Luís de Camões, 35 - Lisboa

COR: preto e branco

TÉC. IMPRESSÃO: fototipia

OBSERVAÇÕES:

Lisboa - Rua da Escola Polytechnica

13

LOCAL DE EDIÇÃO: Lisboa

ANO DE EDIÇÃO: [191...]

EDIÇÃO Nº

EDITOR:

COR: sépia

TÉC. IMPRESSÃO: fototipia

OBSERVAÇÕES:

Lisboa - Praça do Principe Real, lado oriental

14

LOCAL DE EDIÇÃO: Lisboa

ANO DE EDIÇÃO: [190...]

EDIÇÃO Nº 6

EDITOR: F. A. Martins - Praça Luís de Camões, 35 - Lisboa

COR: policromia

TÉC. IMPRESSÃO: fototipia animada

OBSERVAÇÕES:

15 Praça do Principe Real - Lisboa

LOCAL DE EDIÇÃO: Lisboa

ANO DE EDIÇÃO: [190...]

EDIÇÃO Nº 735

EDITOR: Costa - Rua do Ouro, 295 - Lisboa

COR: preto e branco

TÉC. IMPRESSÃO: fototipia

OBSERVAÇÕES: No fundo, à direita, o edifício da Liga dos Amigos dos Hospitais.

16 Praça do Rio de Janeiro - Lisboa

LOCAL DE EDIÇÃO: Lisboa

ANO DE EDIÇÃO: [190...]

EDIÇÃO Nº 1836

EDITOR: Tabacaria Costa - Rua do Ouro, 295 - Lisboa

COR: preto e branco com vermelho

TÉC. IMPRESSÃO: fototipia

OBSERVAÇÕES: À direita, o Palácio Ribeiro da Cunha.

Lisboa - Praça do Rio de Janeiro

17

LOCAL DE EDIÇÃO: Lisboa

ANO DE EDIÇÃO: [190...]

EDIÇÃO Nº

EDITOR:

COR: policromia

TÉC. IMPRESSÃO: fototipia animada

OBSERVAÇÕES: Actual Praça do Príncipe Real.

Praça do Principe Real

18

LOCAL DE EDIÇÃO: Lisboa

ANO DE EDIÇÃO: [190...]

EDIÇÃO Nº 289

EDITOR:

COR: policromia

TÉC. IMPRESSÃO: fototipia animada

OBSERVAÇÕES: Foi pelo edital municipal de 1 de Setembro de 1859 que esta praça passou oficialmente a ser assim denominada, em honra da menoridade de El-rei D. Pedro V.

19

Lisboa - Lago da Praça do Principe Real

LOCAL DE EDIÇÃO: Lisboa

ANO DE EDIÇÃO: [190...]

EDIÇÃO Nº 935

EDITOR: F. A. Martins - Praça Luís de Camões, 35 - Lisboa

COR: preto e branco

TÉC. IMPRESSÃO: fototipia

OBSERVAÇÕES:

20

Lisboa - Lago da Praça do Principe Real

LOCAL DE EDIÇÃO: Lisboa

ANO DE EDIÇÃO: [190...]

EDIÇÃO Nº

EDITOR: F. A. Martins - Praça Luís de Camões, 35 - Lisboa

COR: policromia

TÉC. IMPRESSÃO: fototipia animada

OBSERVAÇÕES: À esquerda, o Palácio Ribeiro da Cunha.

Lisboa - Arvore centenaria na Praça do Rio de Janeiro

21

LOCAL DE EDIÇÃO: Lisboa

ANO DE EDIÇÃO: [190...]

EDIÇÃO Nº

EDITOR:

COR: policromia

TÉC. IMPRESSÃO: fototipia animada

OBSERVAÇÕES:

Lisboa - Praça do Rio de Janeiro

22

LOCAL DE EDIÇÃO: Lisboa

ANO DE EDIÇÃO: [190...]

EDIÇÃO Nº 8007

EDITOR:

COR: policromia

TÉC. IMPRESSÃO: fototipia animada

OBSERVAÇÕES:

23

Lisboa - Praça do Rio de Janeiro (arvore centenaria)

LOCAL DE EDIÇÃO: Lisboa

ANO DE EDIÇÃO: [190...]

EDIÇÃO Nº

EDITOR:

COR: policromia

TÉC. IMPRESSÃO: fototipia animada

OBSERVAÇÕES:

24

Lisboa - Jardim da Praça Rio de Janeiro

LOCAL DE EDIÇÃO: Lisboa

ANO DE EDIÇÃO: [193...]

EDIÇÃO Nº

EDITOR: G. & F. [Garment et Fils ?]

COR: sépia

TÉC. IMPRESSÃO: litografia

OBSERVAÇÕES: Monumento a António França Borges (1871 - 1915). Foi fundador do jornal *O Mundo*. Fez parte do Partido Republicano Português (democrático). A escultura foi inaugurada a 5 de Novembro de 1925.

Lisboa - Praça do Rio de Janeiro

25

LOCAL DE EDIÇÃO: Lisboa

ANO DE EDIÇÃO: [193...]

EDIÇÃO Nº

EDITOR: G. & F. [Garment et Fils ?]

COR: preto e branco

TÉC. IMPRESSÃO: fototipia

OBSERVAÇÕES: Actual Praça do Príncipe Real.

Lisboa - S. Pedro d'Alcantara (lago)

26

LOCAL DE EDIÇÃO: Lisboa

ANO DE EDIÇÃO: [190...]

EDIÇÃO Nº 1023

EDITOR: B. P. [Barrault Photographie].

COR: policromia

TÉC. IMPRESSÃO: fototipia animada

OBSERVAÇÕES: Lago que veio dos jardins do Palácio da Bemposta.

27

Lisboa - Alameda de S. Pedro d'Alcantara

LOCAL DE EDIÇÃO: Lisboa

ANO DE EDIÇÃO: [190...]

EDIÇÃO Nº 447

EDITOR: Martins & Silva - Praça Luís de Camões, 35 - Lisboa

COR: preto e branco

TÉC. IMPRESSÃO: fototipia

OBSERVAÇÕES: É constituída por dois terraços. Tem uma panorâmica lindíssima sobre o vale da Avenida da Liberdade e colina do Castelo de S. Jorge.

28

Jardim de S. Pedro de Alcantara

LOCAL DE EDIÇÃO: Lisboa

ANO DE EDIÇÃO: [190...]

EDIÇÃO Nº 1066

EDITOR: Costa - Rua do Ouro, 295 - Lisboa

COR: preto e branco

TÉC. IMPRESSÃO: fototipia

OBSERVAÇÕES: Este jardim corresponde ao segundo terraço de S. Pedro d'Alcântara.

Monumento a Eduardo Coelho, Jardim de S. Pedro d'Alcantara

29

LOCAL DE EDIÇÃO: Lisboa

ANO DE EDIÇÃO: [190...]

EDIÇÃO Nº 1665

EDITOR: Tabacaria Costa - Rua do Ouro, 295 - Lisboa

COR: preto e branco com vermelho

TÉC. IMPRESSÃO: fototipia

OBSERVAÇÕES: Obra do escultor Costa Mota (1862 -1930) e do arquitecto Álvaro Machado (1874 - 1944), inaugurado a 29 de Dezembro de 1904. De notar a figura do ardina.

Lisboa - Trecho do Jardim de S. Pedro de Alcantara

30

LOCAL DE EDIÇÃO: Lisboa

ANO DE EDIÇÃO: [190...]

EDIÇÃO Nº

EDITOR:

COR: policromia

TÉC. IMPRESSÃO: fototipia animada

OBSERVAÇÕES:

31 Lisboa - Jardim de S. Pedro de Alcantara

LOCAL DE EDIÇÃO: Lisboa

ANO DE EDIÇÃO: [190...]

EDIÇÃO Nº 1004

EDITOR: B. P. [Barrault Photographie]

COR: policromia

TÉC. IMPRESSÃO: fototipia animada

OBSERVAÇÕES: Esta plataforma é também denominada de Jardim de António Nobre.

32 Lisboa - Jardim de S. Pedro de Alcantara

LOCAL DE EDIÇÃO: Lisboa

ANO DE EDIÇÃO: [190...]

EDIÇÃO Nº 901

EDITOR: F. A. Martins - Praça Luís de Camões, 35 - Lisboa

COR: preto e branco

TÉC. IMPRESSÃO: fototipia

OBSERVAÇÕES:

Lisboa - Jardim de António Nobre

33

LOCAL DE EDIÇÃO: Lisboa

ANO DE EDIÇÃO: [193...]

EDIÇÃO Nº 21

EDITOR: Contreras

COR: sépia

TÉC. IMPRESSÃO: fotografia - made in Germany

OBSERVAÇÕES:

Lisboa - Jardim de S. Pedro d'Alcantara

34

LOCAL DE EDIÇÃO: Lisboa

ANO DE EDIÇÃO: [190...]

EDIÇÃO Nº 3059

EDITOR: F. A. Martins - Praça Luís de Camões, 35 - Lisboa

COR: azul

TÉC. IMPRESSÃO: fototipia

OBSERVAÇÕES: Em um letreiro pode ler-se: "Fornecem-se utensilios de jardinagem para recreio das creanças".

35

Lisboa - Panorama

LOCAL DE EDIÇÃO: Lisboa

ANO DE EDIÇÃO: [193...]

EDIÇÃO Nº 27

EDITOR: Contreras

COR: sépia

TÉC. IMPRESSÃO: fotografia - made in Germany

OBSERVAÇÕES:

36

Lisboa - Vista tomada do Jardim S. Pedro Alcantara

LOCAL DE EDIÇÃO: München

ANO DE EDIÇÃO:

EDIÇÃO Nº

EDITOR: Purger & Co. - München

COR: policromia

TÉC. IMPRESSÃO: Photochromie karte

OBSERVAÇÕES:

Lisboa - Egreja de S. Roque e Misericordia

37

LOCAL DE EDIÇÃO: Lisboa

ANO DE EDIÇÃO: [190...]

EDIÇÃO Nº

EDITOR:

COR: policromia

TÉC. IMPRESSÃO: fototipia animada

OBSERVAÇÕES: «Sobre o largo apresenta hoje esta igreja a sua frontaria singela, estilo dórico de mestre de obras português. Nada a recomenda. Temos a casca modesta de um riquíssimo fruto, colorido, saboroso, perfumado.» (Júlio de Castilho). No meio do largo ergue-se um obelisco em memória do casamento de El-rei D. Luís.

38

[Palácio Ludovice]

LOCAL DE EDIÇÃO: Lisboa

ANO DE EDIÇÃO: [194...]

EDIÇÃO Nº

EDITOR: Eduardo Portugal

COR: preto e branco

TÉC. IMPRESSÃO: fotografia

OBSERVAÇÕES: Edifício projectado pelo arquitecto João Frederico Ludovice (1670 - 1752), é datado de 1747. Como é hábito na arquitectura de Frederico Ludovice, o principal interesse reside na fachada.

(Portugal) Lisboa - Igreja de S. Roque [interior]

39

LOCAL DE EDIÇÃO: Lisboa

ANO DE EDIÇÃO: [190...]

EDIÇÃO Nº 85105

EDITOR:

COR: policromia

TÉC. IMPRESSÃO: fototipia animada

OBSERVAÇÕES: A Igreja de S. Roque, que o cataclismo de 1755 respeitou, obra do meado do quinhentos, embora o seu prospecto exterior seja de grande simplicidade, é interiormente um templo notável pelo conjunto decorativo. Nela se destaca a famosa Capela de S. João Baptista.

40

Capella de S. João Baptista na Egreja de S. Roque

LOCAL DE EDIÇÃO: Lisboa

ANO DE EDIÇÃO: [190...]

EDIÇÃO Nº 18

EDITOR: M. & R.

COR: policromia

TÉC. IMPRESSÃO: fototipia animada

OBSERVAÇÕES: Obra de Luigi Vanvitelli e Nicola Salvi, a capela instituída por D. João V é formada por um conjunto de mármores, pedras preciosas e bronze dourado. Esculturas de Giovanni, Cortadini, Corsini, Ludovisi e Estacheo Werschappel.

Lisboa - Rua de S. Roque - Café Restaurant Tavares

41

LOCAL DE EDIÇÃO: Lisboa

ANO DE EDIÇÃO: [190...]

EDIÇÃO Nº

EDITOR:

COR: preto e branco

TÉC. IMPRESSÃO: fototipia

OBSERVAÇÕES:

LISBOA — Rua de S. Roque — Café Restaurant Tavares — Salle du Restaurant

42 Lisboa - Rua de S. Roque

LOCAL DE EDIÇÃO: Lisboa

ANO DE EDIÇÃO: [190...]

EDIÇÃO Nº 978

EDITOR: F. A. Martins - Praça Luís de Camões, 35 - Lisboa

COR: preto e branco

TÉC. IMPRESSÃO: fototipia

OBSERVAÇÕES: Actual Rua da Misericórdia, foi durante a Primeira República também denominada Rua do Mundo, em homenagem ao jornal do mesmo nome, fundado por António França Borges, em 16 de Setembro de 1900, o jornal republicano de maior projecção e mais larga influência no período da propaganda.

43 Lisboa - Praça Luiz de Camões

LOCAL DE EDIÇÃO: Lisboa

ANO DE EDIÇÃO: [190...]

EDIÇÃO Nº 213

EDITOR: Malva [Alberto Malva]

COR: policromia

TÉC. IMPRESSÃO: fototipia animada

OBSERVAÇÕES: À direita, entre os dois quiosques, junto à esquina da Rua do Norte, o elevador da linha Praça Luís de Camões - Estrela.

Lisboa - Praça Luiz de Camões e Rua do Loreto

44

LOCAL DE EDIÇÃO: Lisboa

ANO DE EDIÇÃO: [190...]

EDIÇÃO Nº 628

EDITOR: F. A. Martins - Praça Luís de Camões, 35 - Lisboa

COR: preto e branco

TÉC. IMPRESSÃO: fototipia

OBSERVAÇÕES: À direita, o elevador da Praça Luís de Camões - Largo da Estrela, inaugurado em 1889.

Lisboa - Praça Luiz de Camões

45

LOCAL DE EDIÇÃO: Lisboa

ANO DE EDIÇÃO: [190...]

EDIÇÃO Nº 1024

EDITOR: B. P. [Barrault Photographie]

COR: policromia

TÉC. IMPRESSÃO: fototipia animada

OBSERVAÇÕES: Neste local, ocupando toda a praça, existiram uns casebres, restos do Palácio do Marquês de Marialva, demolidos no Verão de 1859.

46 Lisboa - Praça de Luiz de Camões e ruas da Horta Seca e Loreto

LOCAL DE EDIÇÃO: Lisboa

ANO DE EDIÇÃO: [190...]

EDIÇÃO Nº 4

EDITOR: F. A. Martins - Praça Luís de Camões, 35 - Lisboa

COR: policromia

TÉC. IMPRESSÃO: fototipia animada

OBSERVAÇÕES:

47 [Lisboa - Praça Luís de Camões]

LOCAL DE EDIÇÃO: Lisboa

ANO DE EDIÇÃO: [190...]

EDIÇÃO Nº

EDITOR:

COR: policromia

TÉC. IMPRESSÃO: fototipia animada

OBSERVAÇÕES:

Estatua e Praça de Luiz de Camões - Lisboa

48

LOCAL DE EDIÇÃO: Lisboa

ANO DE EDIÇÃO: [190...]

EDIÇÃO Nº 1287

EDITOR: Costa - Rua do Ouro, 295 - Lisboa

COR: policromia

TÉC. IMPRESSÃO: fototipia animada

OBSERVAÇÕES:

49 Lisboa - Monumento ao grande poeta Luiz de Camões

LOCAL DE EDIÇÃO: Lisboa

ANO DE EDIÇÃO: [190..]

EDIÇÃO Nº

EDITOR: F. A. Martins - Praça Luís de Camões, 35 - Lisboa

COR: preto e branco

TÉC. IMPRESSÃO: fototipia

OBSERVAÇÕES: Estátua em bronze, de quatro metros, assente sobre um pedestal, medindo sete metros e meio de altura. No pedestal, oito estátuas de dois metros e quarenta, em pedra lioz, representando: Fernão Lopes, Pedro Nunes, Gomes Eanes de Azurara, João de Barros, Fernão Lopes de Castanheda, Vasco Mousinho de Quevedo, Jerónimo Corte-Real e Francisco de Sá de Meneses.

Lisboa - Praça de Luiz de Camões

50

LOCAL DE EDIÇÃO: Lisboa

ANO DE EDIÇÃO: [192...]

EDIÇÃO Nº 427

EDITOR: S. & Rocha [Tabacaria Rocha - Rua do Arsenal, 98 - Lisboa]

COR: sépia

TÉC. IMPRESSÃO: litografia

OBSERVAÇÕES:

51

Lisboa - Monumento a Luiz de Camões

LOCAL DE EDIÇÃO: Lisboa

ANO DE EDIÇÃO: [190..]

EDIÇÃO Nº 337

EDITOR: M. & R. [Malva & Roque]

COR: preto e branco

TÉC. IMPRESSÃO: fototipia

OBSERVAÇÕES: Escultura da autoria de António Vítor Figueiredo de Bastos (1831 - 1894). Monumento inaugurado em 1867.

Lisboa - Praça Luiz de Camões e Largo das Duas Egrejas

52

LOCAL DE EDIÇÃO: Lisboa

ANO DE EDIÇÃO: [190...]

EDIÇÃO Nº 55

EDITOR: F. A. Martins - Praça Luís de Camões, 35 - Lisboa

COR: preto e branco

TÉC. IMPRESSÃO: fototipia

OBSERVAÇÕES: Ao fundo, à esquerda, a Igreja do Loreto; à direita, a Igreja da Encarnação.

Vendedeiras de Gallinhas - Praça Luiz de Camões - Lisboa

53

LOCAL DE EDIÇÃO: Lisboa

ANO DE EDIÇÃO: [190...]

EDIÇÃO Nº 50

EDITOR: Pap. e Typ. Santos & Magalhães - Rua da Prata, 10-12 - Lisboa

COR: preto e branco

TÉC. IMPRESSÃO: fototipia

OBSERVAÇÕES:

54 Lisboa (Portugal) - Largo das Duas Egrejas

LOCAL DE EDIÇÃO: Lisboa

ANO DE EDIÇÃO: [190..]

EDIÇÃO Nº 85

EDITOR: Martins & Silva - Praça Luís de Camões, 35 - Lisboa

COR: policromia

TÉC. IMPRESSÃO: fototipia animada

OBSERVAÇÕES:

LISBOA (Portugal) — Largo das Duas Egrejas 85

Lisboa (Portugal) - Liga Naval e Egreja da Encarnação

55

LOCAL DE EDIÇÃO: Lisboa

ANO DE EDIÇÃO: [190...]

EDIÇÃO Nº 1137

EDITOR: F. A. Martins - Praça Luís de Camões, 35 - Lisboa

COR: preto e branco

TÉC. IMPRESSÃO: fototipia

OBSERVAÇÕES: Palácio Ferreira Pinto Basto, erigido em 1791, foi desde 1827 de José Ferreira Pinto Basto, que nele viveu com sua numerosa família. Nos jardins funcionou um laboratório de faiança. Teve diversos ocupantes, sendo actualmente da companhia de seguros *Mundial Confiança*.

56 Lisboa - Egreja da Encarnação (Chiado)

LOCAL DE EDIÇÃO: Lisboa

ANO DE EDIÇÃO: [190...]

EDIÇÃO Nº

EDITOR:

COR: policromia

TÉC. IMPRESSÃO: fototipia animada

OBSERVAÇÕES: A Igreja da Encarnação, fundada em 1708, a expensas da condessa de Pontével, D. Elvira Maria de Vilhena. Reconstruída após o terramoto de 1755, foi terminada em 1783. Assenta, desde o início, num paredão das muralhas fernandinas. Aqui se situavam as Portas de Santa Catarina.

Lisboa - Rua Garrett (Chiado) 57

LOCAL DE EDIÇÃO: Lisboa

ANO DE EDIÇÃO: [190..]

EDIÇÃO Nº 943

EDITOR: F. A. Martins - Praça Luís de Camões, 35 - Lisboa

COR: preto e branco

TÉC. IMPRESSÃO: fototipia

OBSERVAÇÕES: À esquerda, o *Hotel Alliance*. À direita, o *Ramiro Leão*. Ao fundo, os *Grandes Armazéns do Chiado*, no palácio do barão de Barcelinhos, benemérito da cidade, Manuel José de Oliveira (1774 - 1847).

58 A Egreja dos Martyres e Rua Garrett

LOCAL DE EDIÇÃO: Lisboa

ANO DE EDIÇÃO: [190...]

EDIÇÃO Nº 1922

EDITOR: Tabacaria Costa - Rua do Ouro, 295 - Lisboa

COR: preto e branco com vermelho

TÉC. IMPRESSÃO: fototipia

OBSERVAÇÕES: A igreja foi construída em 1769 - 1770, segundo projecto do arquitecto Reinaldo Manuel, um dos que colaboraram na reconstrução de Lisboa após o terramoto de 1755.

Lisboa - Rua Garrett (Chiado)

59

LOCAL DE EDIÇÃO: Lisboa

ANO DE EDIÇÃO: [190..]

EDIÇÃO Nº 1008

EDITOR: B. P. [Barrault Photographie]

COR: policromia

TÉC. IMPRESSÃO: fototipia animada

OBSERVAÇÕES:

60 Rua Garrett, Chiado - Lisboa

LOCAL DE EDIÇÃO: Lisboa

ANO DE EDIÇÃO: [190...]

EDIÇÃO Nº 284

EDITOR: Tabacaria Costa - Rua do Ouro, 295 - Lisboa

COR: preto e branco

TÉC. IMPRESSÃO: fototipia

OBSERVAÇÕES:

61 [Jerónimo Martins & Filho - casa fundada em 1792]

LOCAL DE EDIÇÃO: Lisboa

ANO DE EDIÇÃO: [190..]

EDIÇÃO Nº

EDITOR: Jerónimo Martins & Filho - 13, Chiado, 17 - Lisboa

COR: preto e branco

TÉC. IMPRESSÃO: fototipia

OBSERVAÇÕES:

A Pompadour - 28, Chiado, 30

LOCAL DE EDIÇÃO: Lisboa

ANO DE EDIÇÃO: [193...]

EDIÇÃO Nº

EDITOR: Ocogravura, Lda. - Rua D. Pedro V, 18 - Lisboa

COR: sépia

TÉC. IMPRESSÃO: litografia

OBSERVAÇÕES:

62

Os Grandes Armazéns do Chiado

LOCAL DE EDIÇÃO: Lisboa

ANO DE EDIÇÃO: [193...]

EDIÇÃO Nº

EDITOR: Grandes Armazéns do Chiado

COR: sépia

TÉC. IMPRESSÃO: litografia

OBSERVAÇÕES: Foi o antigo Convento do Espírito Santo da Pedreira, depois palácio do barão de Barcelinhos, Manuel José de Oliveira (1774 - 1847), Hotel Universal, onde Camilo Castelo Branco se hospedou. Os *Grandes Armazéns do Chiado* arderam em Agosto de 1989.

63

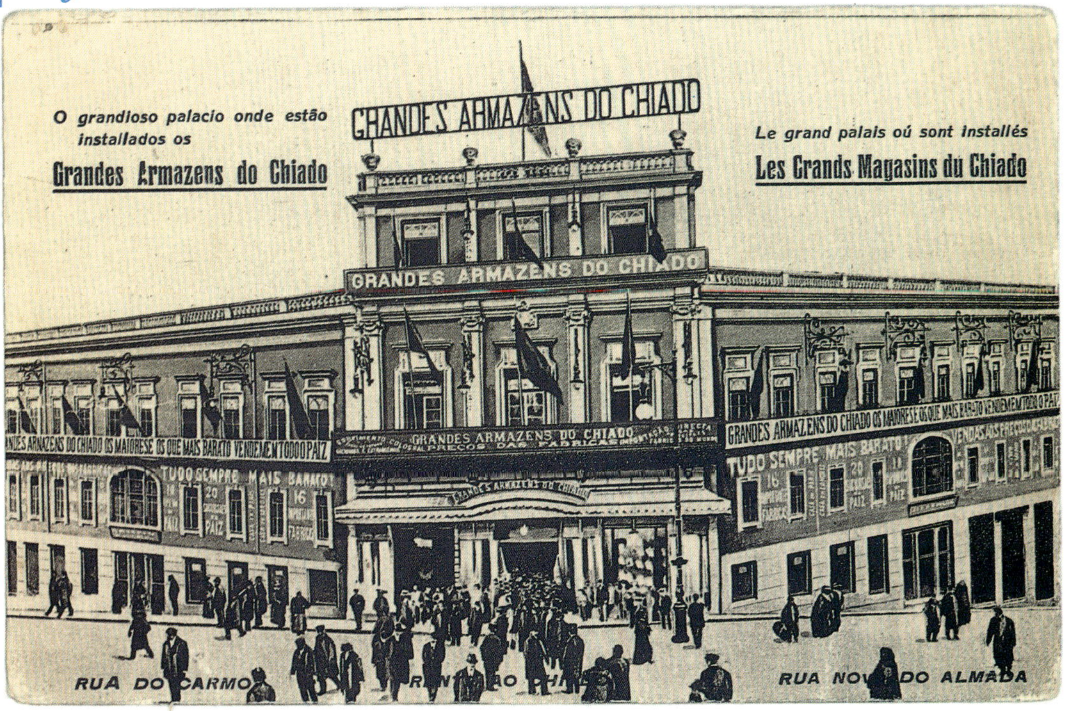

64

Os Grandes Armazéns do Chiado

LOCAL DE EDIÇÃO: Lisboa

ANO DE EDIÇÃO: [193...]

EDIÇÃO Nº c. 5

EDITOR: Grandes Armazéns do Chiado [A Editora, Lda.]

COR: policromia

TÉC. IMPRESSÃO: litografia

OBSERVAÇÕES:

65

Lisboa - Estação superior do Elevador de Santa Justa

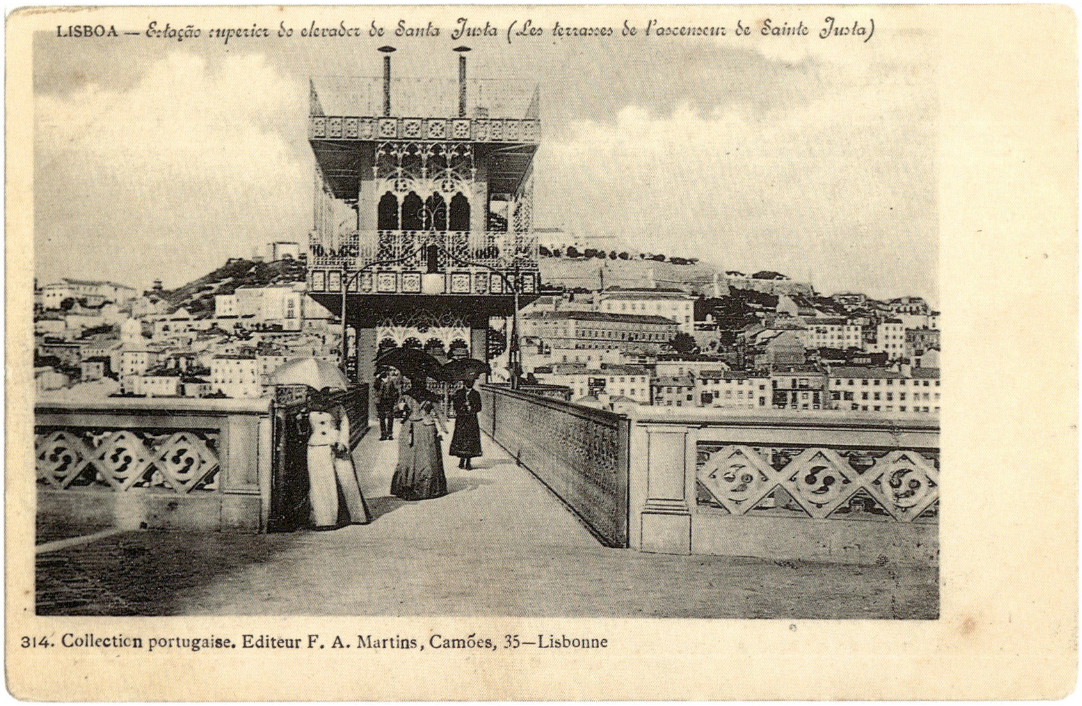

LOCAL DE EDIÇÃO: Lisboa

ANO DE EDIÇÃO: [190...]

EDIÇÃO Nº 314

EDITOR: F. A. Martins - Praça Luís de Camões, 35 - Lisboa

COR: preto e branco

TÉC. IMPRESSÃO: fototipia

OBSERVAÇÕES:

Lisboa - Rua Nova do Carmo

66

LOCAL DE EDIÇÃO: Lisboa

ANO DE EDIÇÃO: [192...]

EDIÇÃO Nº

EDITOR:

COR: sépia

TÉC. IMPRESSÃO: litografia

OBSERVAÇÕES: Curioso, em baixo, à esquerda uma mulher de capote e lenço, traje vulgar da média e baixa burguesias muito desenhado e modelado por Rafael Bordalo Pinheiro, o maior ceramista do fim do século XIX e inícios do XX.

67

Lisboa (Portugal) - Largo do Barão de Quintella e Rua do Alecrim

LOCAL DE EDIÇÃO: Lisboa

ANO DE EDIÇÃO: [190...]

EDIÇÃO Nº 1089

EDITOR: M. & S. [Martins & Silva] - Praça Luiz de Camões, 35 - Lisboa

COR: preto e branco

TÉC. IMPRESSÃO: fototipia

OBSERVAÇÕES: À direita, o palácio do barão de Quintella e conde de Farrobo, depois de António Augusto de Carvalho Monteiro, o "Monteiro Milhões", que o herdara de seu pai, Mendes Monteiro.

68

Lisboa - Rua do Alecrim

LOCAL DE EDIÇÃO: Lisboa

ANO DE EDIÇÃO: [190...]

EDIÇÃO Nº

EDITOR: S. R. [Tabacaria Rocha - Rua do Arsenal, 98 - Lisboa]

COR: sépia

TÉC. IMPRESSÃO: litografia

OBSERVAÇÕES: À direita, frente ao Palácio Quintella-Farrobo, a estátua dedicada ao escritor Eça de Queirós.

Lisboa - Hotel Durand - Largo do Barão de Quintela

69

LOCAL DE EDIÇÃO: Lisboa

ANO DE EDIÇÃO: [190...]

EDIÇÃO Nº 618 [819]

EDITOR:

COR: preto e branco com vermelho

TÉC. IMPRESSÃO: fototipia

OBSERVAÇÕES: Ao fundo, a Rua das Flores e a Travessa Guilherme Cossoul.

70

Lisboa - Rua do Alecrim

LOCAL DE EDIÇÃO: Lisboa

ANO DE EDIÇÃO: [190...]

EDIÇÃO Nº 935

EDITOR: F. A. Martins - Praça Luís de Camões, 35 - Lisboa

COR: preto e branco

TÉC. IMPRESSÃO: fototipia

OBSERVAÇÕES: Ao fundo, a Praça Duque da Terceira. No horizonte, Cacilhas.

Lisboa - Estatua Eça de Queiroz

71

LOCAL DE EDIÇÃO: Lisboa

ANO DE EDIÇÃO: [190...]

EDIÇÃO Nº 23

EDITOR: Rocha - Rua do Arsenal, 98 - Lisboa

COR: policromia

TÉC. IMPRESSÃO: fototipia animada

OBSERVAÇÕES: Escultura de Teixeira Lopes (1860 - 1942), inaugurada em 9 de Novembro de 1903, com a presença do Marquês de Ávila e Bolama.

72 Lisboa - Largo do Barão de Quintella

LOCAL DE EDIÇÃO: Lisboa

ANO DE EDIÇÃO: [190...]

EDIÇÃO Nº 730

EDITOR:

COR: preto e branco

TÉC. IMPRESSÃO: fototipia

OBSERVAÇÕES: Estátua de homenagem ao escritor José Maria de Eça de Queirós (1845 - 1900) simbolizando *sobre a nudez forte da verdade o manto diáfano da fantasia.*

LISBOA. — (Portugal). Largo do Barão de Quintella. 730

Lisboa - Camara Municipal

73

LOCAL DE EDIÇÃO: Lisboa

ANO DE EDIÇÃO: [190...]

EDIÇÃO Nº

EDITOR: Tabacaria Ingleza

COR: policromia

TÉC. IMPRESSÃO: fototipia animada

OBSERVAÇÕES: O primitivo edifício ardeu completamente em 1863. A sua reconstrução, segundo projecto do arquitecto Domingos Parente (1836-1901), decorreu de 1867 a 1875.

Lisboa - Praça do Municipio

74

LOCAL DE EDIÇÃO: Lisboa

ANO DE EDIÇÃO: [190...]

EDIÇÃO Nº 274

EDITOR: S. R. [Tabacaria Rocha - Rua do Arsenal, 98 - Lisboa]

COR: policromia

TÉC. IMPRESSÃO: fototipia animada

OBSERVAÇÕES: Esta praça também foi denominada de Largo do Pelourinho. À esquerda do edifício da Câmara Municipal, a Igreja de S. Julião, propriedade do Banco de Portugal.

75 Lisboa - Rua do Arsenal

LOCAL DE EDIÇÃO: Lisboa

ANO DE EDIÇÃO: [190...]

EDIÇÃO Nº 1007

EDITOR: B. P. [Barrault Photographie]

COR: policromia

TÉC. IMPRESSÃO: fototipia animada

OBSERVAÇÕES:

76 Collegio e Egreja do Corpo Santo, Lisboa

LOCAL DE EDIÇÃO: Lisboa

ANO DE EDIÇÃO: [190...]

EDIÇÃO Nº

EDITOR:

COR: preto e branco

TÉC. IMPRESSÃO: fototipia

OBSERVAÇÕES: Reconstrução depois do terramoto de 1755. À esquerda da igreja, o Hotel Atlântico, actualmente serviços da companhia de seguros *Fidelidade*.

Praça do Duque da Terceira

77

LOCAL DE EDIÇÃO: Lisboa

ANO DE EDIÇÃO: [190...]

EDIÇÃO Nº

EDITOR:

COR: policromia

TÉC. IMPRESSÃO: fototipia animada

OBSERVAÇÕES:

Lisboa - Praça do Duque da Terceira

78

LOCAL DE EDIÇÃO: Lisboa

ANO DE EDIÇÃO: [190...]

EDIÇÃO Nº 22

EDITOR: ☆

COR: policromia

TÉC. IMPRESSÃO: fototipia animada

OBSERVAÇÕES: Ao fundo, na Rua do Alecrim, a chaminé fumegante da refinaria de açúcar (extinta).

79

[Praça do Duque da Terceira]

LOCAL DE EDIÇÃO: Lisboa

ANO DE EDIÇÃO: [190...]

EDIÇÃO Nº

EDITOR:

COR: policromia

TÉC. IMPRESSÃO: fototipia animada

OBSERVAÇÕES: Em destaque o Grande Hotel Central, citado por Eça de Queirós na sua obra *Os Maias*.

80

Lisboa - Praça do Duque da Terceira

LOCAL DE EDIÇÃO: Lisboa

ANO DE EDIÇÃO: [190...]

EDIÇÃO Nº 8041

EDITOR:

COR: policromia

TÉC. IMPRESSÃO: fototipia animada

OBSERVAÇÕES:

Praça do Duque da Terceira - Lisboa

81

LOCAL DE EDIÇÃO: Lisboa

ANO DE EDIÇÃO: [190...]

EDIÇÃO Nº 34

EDITOR: Tabacaria Rocha - Rua do Arsenal, 98 - Lisboa

COR: preto e branco

TÉC. IMPRESSÃO: fototipia

OBSERVAÇÕES:

Lisboa - Praça e Monumento do Duque da Terceira

82

LOCAL DE EDIÇÃO: Lisboa

ANO DE EDIÇÃO: [190...]

EDIÇÃO Nº 45

EDITOR: F. A. Martins - Praça Luís de Camões, 35 - Lisboa

COR: preto e branco

TÉC. IMPRESSÃO: fototipia

OBSERVAÇÕES:

83 Monumento ao Duque da Terceira

LOCAL DE EDIÇÃO: Lisboa

ANO DE EDIÇÃO: [190...]

EDIÇÃO Nº 157

EDITOR: Martins & Silva - Praça Luís de Camões, 35 - Lisboa

COR: preto e branco

TÉC. IMPRESSÃO: fototipia

OBSERVAÇÕES: Duque da Terceira, general António José de Sousa Manuel e Meneses Severim de Noronha (1792--1860).

Lisboa - Monumento ao Duque da Terceira

84

LOCAL DE EDIÇÃO: Lisboa

ANO DE EDIÇÃO: [190...]

EDIÇÃO Nº 15

EDITOR:

COR: policromia

TÉC. IMPRESSÃO: fototipia animada

OBSERVAÇÕES: Monumento da autoria de Simões de Almeida (tio) (1844 - 1926), inaugurado a 24 de Julho de 1877.

85

Lisboa - Vista do porto

LOCAL DE EDIÇÃO: Lisboa

ANO DE EDIÇÃO: [190...]

EDIÇÃO Nº 1197

EDITOR: S. R. [Tabacaria Rocha] - Rua do Arsenal, 98 - Lisboa

COR: policromia

TÉC. IMPRESSÃO: fototipia animada

OBSERVAÇÕES:

86

Praça Duque da Terceira (Caes-Sodré) - Lisboa

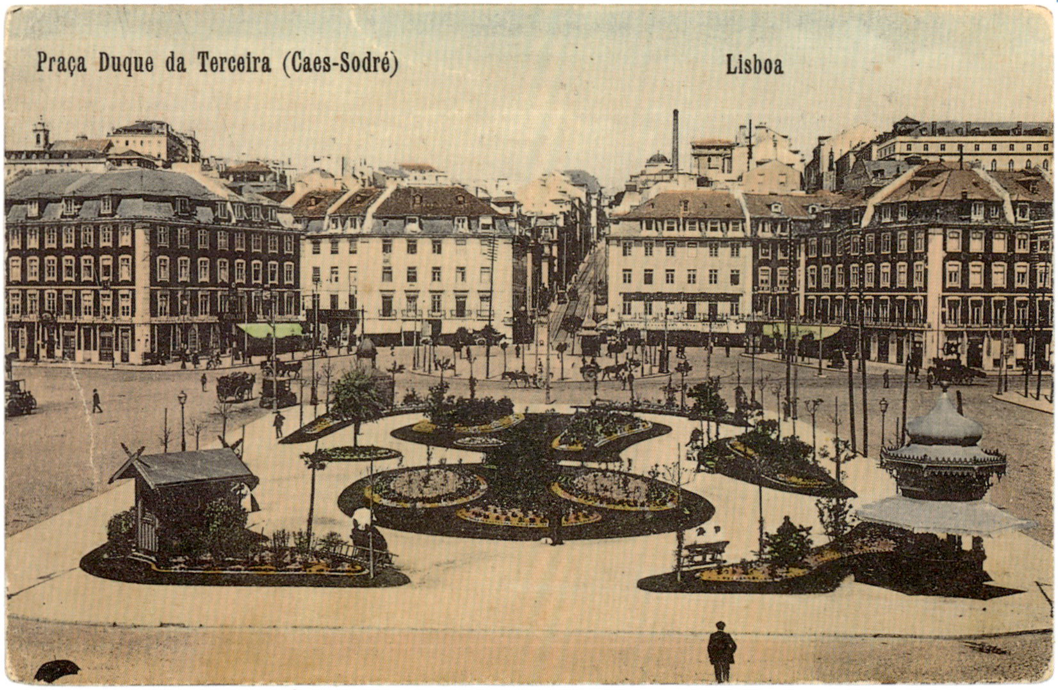

LOCAL DE EDIÇÃO: Lisboa

ANO DE EDIÇÃO: [190...]

EDIÇÃO Nº

EDITOR: M. Correa dos Santos - Rua da Prata, 12 - Lisboa

COR: policromia

TÉC. IMPRESSÃO: fototipia animada

OBSERVAÇÕES: No primeiro plano um jardim.

Lisboa - Rua 24 de Julho, apanhando uma parte do Tejo

87

LOCAL DE EDIÇÃO: Lisboa

ANO DE EDIÇÃO: [190...]

EDIÇÃO Nº

EDITOR:

COR: policromia

TÉC. IMPRESSÃO: fototipia animada

OBSERVAÇÕES:

Lisboa - Praça Duque da Terceira

88

LOCAL DE EDIÇÃO: Lisboa

ANO DE EDIÇÃO: [190...]

EDIÇÃO Nº 44 441

EDITOR: AV

COR: sépia

TÉC. IMPRESSÃO: Litografia (?)

OBSERVAÇÕES:

89

Lisboa - Estação da Parceria de Vapores Lisbonenses e jardim no Caes do Sodré

LOCAL DE EDIÇÃO: Lisboa

ANO DE EDIÇÃO: [190...]

EDIÇÃO Nº 1703

EDITOR: Martins & Silva - Praça Luiz de Camões, 35- Lisboa

COR: preto e branco

TÉC. IMPRESSÃO: fototipia

OBSERVAÇÕES:

90

Lisboa - Caes do Sodré

LOCAL DE EDIÇÃO: Lisboa

ANO DE EDIÇÃO: [190...]

EDIÇÃO Nº 4011

EDITOR: F. A. Martins - Praça Luiz de Camões, 35 - Lisboa

COR: policromia

TÉC. IMPRESSÃO: fototipia animada

OBSERVAÇÕES:

Lisboa - Jardim dos Aliados

91

LOCAL DE EDIÇÃO: Lisboa

ANO DE EDIÇÃO:

EDIÇÃO Nº 8105

EDITOR:

COR: sépia

TÉC. IMPRESSÃO: litografia

OBSERVAÇÕES: Actualmente Jardim Roque Gameiro. Na imagem a escultura ao *Homem do Leme*, de 1915, obra de Francisco dos Santos (1878 - 1930).

Lisboa - Caes do Sodré - Doca de Abrigo

92

LOCAL DE EDIÇÃO:

ANO DE EDIÇÃO: [193...]

EDIÇÃO Nº 4

EDITOR:

COR: preto e branco

TÉC. IMPRESSÃO: fotografia

OBSERVAÇÕES: Cliché Alvaro Torres.

93

Lisboa - Praça Duque da Terceira

LOCAL DE EDIÇÃO: Lisboa

ANO DE EDIÇÃO: [193...]

EDIÇÃO Nº

EDITOR: G. & F. [Garment et Fils ?]

COR: preto e branco

TÉC. IMPRESSÃO: litografia

OBSERVAÇÕES:

94

Lisboa - Praça Duque da Terceira

LOCAL DE EDIÇÃO: Lisboa

ANO DE EDIÇÃO: [193...]

EDIÇÃO Nº

EDITOR: G. & F. [Garment et Fils ?]

COR: preto e branco

TÉC. IMPRESSÃO: litografia

OBSERVAÇÕES:

Lisboa - Cais do Sodré

95

LOCAL DE EDIÇÃO:

ANO DE EDIÇÃO: [194...]

EDIÇÃO Nº 18

EDITOR:

COR: preto e branco

TÉC. IMPRESSÃO: fotografia

OBSERVAÇÕES: Made in Germany.

Lisboa - Praça Duque da Terceira e Avenida 24 de Julho

96

LOCAL DE EDIÇÃO: Lisboa

ANO DE EDIÇÃO: 1933

EDIÇÃO Nº 526

EDITOR: M. C. [M. Cardoso]

COR: sépia

TÉC. IMPRESSÃO: litografia

OBSERVAÇÕES: À esquerda, a estação dos caminhos-de-ferro da linha Lisboa--Cascais.

97 Instituto D. Amélia

LOCAL DE EDIÇÃO: Lisboa

ANO DE EDIÇÃO: [190...]

EDIÇÃO Nº 45

EDITOR: M. & R. [Malva & Roque]

COR: policromia

TÉC. IMPRESSÃO: fototipia animada

OBSERVAÇÕES: Sede da Assistência Nacional aos Tuberculosos (Cfr. GEP e B - 1951)

98 Vista do porto e Rua 24 de Julho

LOCAL DE EDIÇÃO:

ANO DE EDIÇÃO: [191...]

EDIÇÃO Nº 144

EDITOR:

COR: policromia

TÉC. IMPRESSÃO: fototipia animada

OBSERVAÇÕES: De notar a vitalidade do Mercado de Levante e, à esquerda, um curioso quiosque.

Estação do Caes do Sodré

99

LOCAL DE EDIÇÃO: Lisboa

ANO DE EDIÇÃO: [194...]

EDIÇÃO Nº 70

EDITOR: António Passaporte

COR: preto e branco

TÉC. IMPRESSÃO: fotografia

OBSERVAÇÕES: Estação de caminho--de-ferro inaugurada em 1928, segundo projecto do arquitecto Porfírio Pardal Monteiro.

Lisboa - Cais do Sodré

100

LOCAL DE EDIÇÃO: Lisboa

ANO DE EDIÇÃO: [195...]

EDIÇÃO Nº 306

EDITOR: António Passaporte

COR: preto e branco

TÉC. IMPRESSÃO: fotografia

OBSERVAÇÕES:

101

Lisboa - grupo de vendedeiras de peixe

LOCAL DE EDIÇÃO: Lisboa

ANO DE EDIÇÃO: [190...]

EDIÇÃO Nº 1010

EDITOR: S. R. [Tabacaria Rocha - Rua do Arsenal, 98 - Lisboa]

COR: preto e branco

TÉC. IMPRESSÃO: fototipia

OBSERVAÇÕES:

102

Lisboa - Assistencia Nacional aos Tuberculosos

LOCAL DE EDIÇÃO: Lisboa

ANO DE EDIÇÃO: [190...]

EDIÇÃO Nº

EDITOR:

COR: policromia

TÉC. IMPRESSÃO: fototipia animada

OBSERVAÇÕES: Instituto D. Amélia - projecto do arquitecto Rosendo Garcia de Araújo Carvalheira (? - 1919)

Lisboa - Interior da praça de peixe

103

LOCAL DE EDIÇÃO: Lisboa

ANO DE EDIÇÃO: [190...]

EDIÇÃO Nº 369

EDITOR: S. R. [Tabacaria Rocha - Rua do Arsenal, 98 - Lisboa]

COR: preto e branco

TÉC. IMPRESSÃO: fototipia

OBSERVAÇÕES:

Lisboa - Mercado 24 de Julho

104

LOCAL DE EDIÇÃO: Lisboa

ANO DE EDIÇÃO: [190...]

EDIÇÃO Nº

EDITOR:

COR: sépia

TÉC. IMPRESSÃO: fototipia

OBSERVAÇÕES:

105 [Lisboa - Mercado da Ribeira]

LOCAL DE EDIÇÃO:

ANO DE EDIÇÃO: [190...]

EDIÇÃO Nº

EDITOR:

COR: preto e branco

TÉC. IMPRESSÃO: fototipia

OBSERVAÇÕES:

106 Mercado da Ribeira Nova - Lisboa

LOCAL DE EDIÇÃO: Lisboa

ANO DE EDIÇÃO: [190...]

EDIÇÃO Nº

EDITOR: F. & S.

COR: preto e branco com vermelho

TÉC. IMPRESSÃO: fototipia

OBSERVAÇÕES:

Mercado de peixe

LOCAL DE EDIÇÃO: Lisboa

ANO DE EDIÇÃO: [190...]

EDIÇÃO Nº

EDITOR:

COR: verde

TÉC. IMPRESSÃO: fototipia

OBSERVAÇÕES:

107

Ovarinas no Mercado da Ribeira - Lisboa

LOCAL DE EDIÇÃO: Lisboa

ANO DE EDIÇÃO: [190...]

EDIÇÃO Nº 1914

EDITOR: Tabacaria Costa - Rua do Ouro, 295 - Lisboa

COR: preto e branco com vermelho

TÉC. IMPRESSÃO: fototipia

OBSERVAÇÕES:

108

109 Lisboa - Mercado do Peixe

LOCAL DE EDIÇÃO: München

ANO DE EDIÇÃO: [190...]

EDIÇÃO Nº 4014

EDITOR: Purger & Cº., München

COR: policromia

TÉC. IMPRESSÃO: Photochromie-karte

OBSERVAÇÕES:

110 [Ovarinas salgando o peixe]

LOCAL DE EDIÇÃO:

ANO DE EDIÇÃO: [190...]

EDIÇÃO Nº

EDITOR:

COR: policromia

TÉC. IMPRESSÃO: fototipia animada

OBSERVAÇÕES:

[Grupo de ovarinas salgando o peixe]

111

LOCAL DE EDIÇÃO:

ANO DE EDIÇÃO: [190...]

EDIÇÃO Nº

EDITOR:

COR: policromia

TÉC. IMPRESSÃO: fototipia animada

OBSERVAÇÕES:

Lisboa - Mercado de 24 de Julho

112

LOCAL DE EDIÇÃO: Lisboa

ANO DE EDIÇÃO: [190...]

EDIÇÃO Nº 7122

EDITOR:

COR: policromia

TÉC. IMPRESSÃO: fototipia animada

OBSERVAÇÕES: Ao fundo, a torre da Igreja da Chagas.

113

Lisboa - Ovarinas salgando o peixe

LOCAL DE EDIÇÃO: Lisboa

ANO DE EDIÇÃO: [190...]

EDIÇÃO Nº

EDITOR: Tabacaria Ingleza

COR: policromia

TÉC. IMPRESSÃO: fototipia animada

OBSERVAÇÕES:

114

Ovarinas escolhendo o peixe

LOCAL DE EDIÇÃO: Lisboa

ANO DE EDIÇÃO: [190...]

EDIÇÃO Nº

EDITOR: Tabacaria Costa - Rua do Ouro, 295 - Lisboa

COR: policromia

TÉC. IMPRESSÃO: fototipia animada

OBSERVAÇÕES:

Lisboa - Caes do Aterro

115

LOCAL DE EDIÇÃO: Lisboa

ANO DE EDIÇÃO: [190...]

EDIÇÃO Nº 625

EDITOR: F.A. Martins - Praça Luís de Camões, 35 - Lisboa

COR: preto e branco com vermelho

TÉC. IMPRESSÃO: fototipia

OBSERVAÇÕES:

Ovarinas lavando as gigas - Lisboa

116

LOCAL DE EDIÇÃO: Lisboa

ANO DE EDIÇÃO: [190...]

EDIÇÃO Nº 1908

EDITOR: Tabacaria Costa - Rua do Ouro, 295 - Lisboa

COR: preto e branco com vermelho

TÉC. IMPRESSÃO: fototipia

OBSERVAÇÕES:

117

Lisboa - O porto

LOCAL DE EDIÇÃO: Zürich

ANO DE EDIÇÃO: [190...]

EDIÇÃO Nº 10282

EDITOR: P. Z. [Photoglob Cº - Zürich]

COR: preto e branco com vermelho

TÉC. IMPRESSÃO: fototipia

OBSERVAÇÕES:

118

Lisboa - O porto

LOCAL DE EDIÇÃO: Zürich

ANO DE EDIÇÃO: [190...]

EDIÇÃO Nº 10281

EDITOR: P. Z. [Photoglob Cº - Zürich]

COR: preto e branco com vermelho

TÉC. IMPRESSÃO: fototipia

OBSERVAÇÕES:

Porto de Lisboa - Caes da Ribeira Nova

119

LOCAL DE EDIÇÃO: Lisboa

ANO DE EDIÇÃO: [190...]

EDIÇÃO Nº 69

EDITOR: Martins - Praça Luís de Camões, 35 - Lisboa

COR: preto e branco

TÉC. IMPRESSÃO: fototipia

OBSERVAÇÕES:

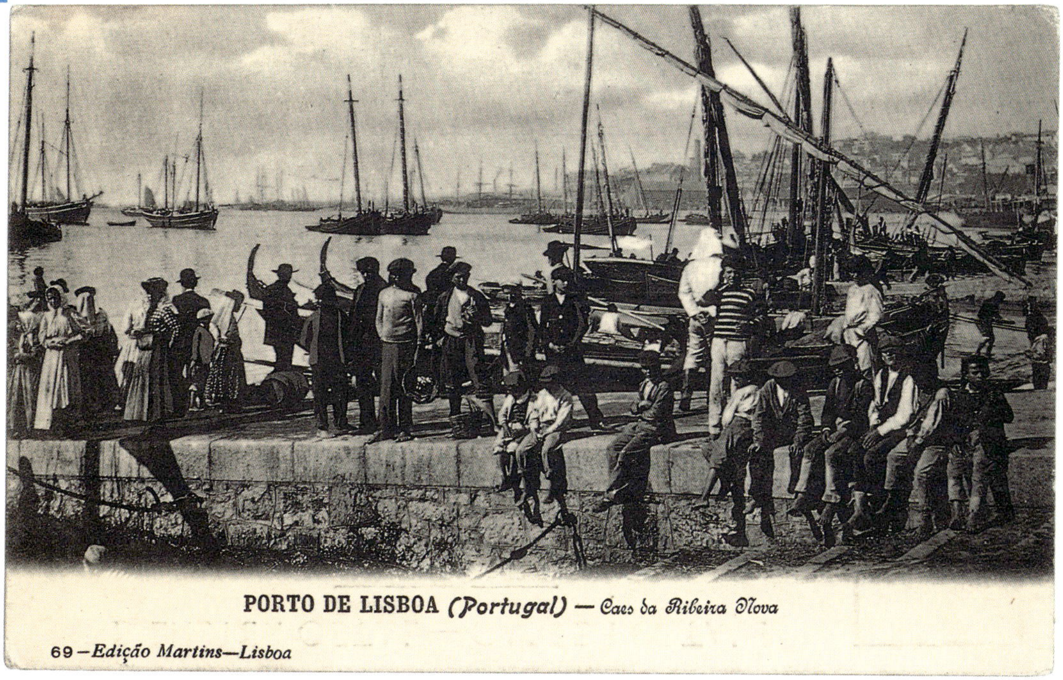

O porto de Lisboa

120

LOCAL DE EDIÇÃO: Lisboa

ANO DE EDIÇÃO: [190...]

EDIÇÃO Nº 1484

EDITOR: Tabacaria Costa - Rua do Ouro, 295 - Lisboa

COR: preto e branco com vermelho

TÉC. IMPRESSÃO: fototipia

OBSERVAÇÕES:

121 [Lisboa - Caes do Aterro]

LOCAL DE EDIÇÃO:

ANO DE EDIÇÃO: [190...]

EDIÇÃO Nº

EDITOR:

COR: preto e branco

TÉC. IMPRESSÃO: fototipia

OBSERVAÇÕES:

122 Descarga do peixe

LOCAL DE EDIÇÃO: Lisboa

ANO DE EDIÇÃO: [190...]

EDIÇÃO Nº 1281

EDITOR: S. R. [Tabacaria Rocha - Rua do Arsenal, 98 - Lisboa]

COR: preto e branco

TÉC. IMPRESSÃO: fototipia

OBSERVAÇÕES:

Lisboa - Vista do Aterro

123

LOCAL DE EDIÇÃO:

ANO DE EDIÇÃO: [190...]

EDIÇÃO Nº 8045

EDITOR:

COR: policromia

TÉC. IMPRESSÃO: fototipia animada

OBSERVAÇÕES:

Rampa e embarcadouro na Ribeira Nova

124

LOCAL DE EDIÇÃO: Lisboa

ANO DE EDIÇÃO: [190...]

EDIÇÃO Nº 640

EDITOR: F. A. Martins - Praça Luís de Camões, 35 - Lisboa

COR: preto e branco

TÉC. IMPRESSÃO: fototipia

OBSERVAÇÕES: Frente à Praça D. Luís. À direita, o Mercado 24 de Julho.

125

O Aterro da Boa Vista - Lisboa

LOCAL DE EDIÇÃO: Lisboa

ANO DE EDIÇÃO: [190...]

EDIÇÃO Nº 231

EDITOR: Tabacaria Costa - Rua do Ouro, 295 - Lisboa

COR: preto e branco

TÉC. IMPRESSÃO: fototipia

OBSERVAÇÕES: "Chegara [Carlos Eduardo] ao fim da Rua do Alecrim quando viu o conde de Steinbroken, que se dirigia ao Aterro, a pé, seguido da sua vitória a passo.(...)".

126

Lisboa - Largo e Egreja de S. Paulo

LOCAL DE EDIÇÃO: Lisboa

ANO DE EDIÇÃO: [190...]

EDIÇÃO Nº 146

EDITOR: M. I. R.

COR: policromia

TÉC. IMPRESSÃO: fototipia animada

OBSERVAÇÕES:

Lisbonne - Place de St. Paul

127

LOCAL DE EDIÇÃO: Lisboa

ANO DE EDIÇÃO: [190...]

EDIÇÃO Nº 23

EDITOR: E. Dias Serras - Rua Aurea, 26-28 - Lisboa

COR: preto e branco

TÉC. IMPRESSÃO: fototipia

OBSERVAÇÕES: No centro, o chafariz, datado de 1849, com quatro tanques e remate em obelisco coroado de esfera armilar. O autor desta peça foi o arquitecto Malaquias Ferreira Leal.

Lisboa - Largo de S. Paulo

128

LOCAL DE EDIÇÃO: Lisboa

ANO DE EDIÇÃO: [194...]

EDIÇÃO Nº 46

EDITOR: António Passaporte

COR: preto e branco

TÉC. IMPRESSÃO: fotografia

OBSERVAÇÕES: A igreja, reconstruída após o terramoto de 1755, é da autoria de Remígio Francisco.

129

Lisboa - Praça do Marquês Sá da Bandeira

LOCAL DE EDIÇÃO: Zürich

ANO DE EDIÇÃO: [190...]

EDIÇÃO Nº 10277

EDITOR: P. Z. [Photoglob Cº - Zürich]

COR: preto e branco com vermelho

TÉC. IMPRESSÃO: fototipia

OBSERVAÇÕES:

130

Praça de D. Luiz I e Monumento a Sá da Bandeira

LOCAL DE EDIÇÃO: Lisboa

ANO DE EDIÇÃO: [190...]

EDIÇÃO Nº 5

EDITOR: Martins - Praça Luís de Camões, 35 - Lisboa

COR: policromia

TÉC. IMPRESSÃO: fototipia animada

OBSERVAÇÕES:

Lisboa - Vista Panoramica

131

LOCAL DE EDIÇÃO:

ANO DE EDIÇÃO: [190...]

EDIÇÃO Nº 8049

EDITOR:

COR: policromia

TÉC. IMPRESSÃO: fototipia animada

OBSERVAÇÕES: No primeiro plano a Praça de D. Luís I.

Lisboa - Praça Marquez Sá da Bandeira

132

LOCAL DE EDIÇÃO:

ANO DE EDIÇÃO: [190...]

EDIÇÃO Nº

EDITOR:

COR: preto e branco

TÉC. IMPRESSÃO: fototipia

OBSERVAÇÕES:

133 Estatua do Marquez Sá da Bandeira

LOCAL DE EDIÇÃO: Lisboa

ANO DE EDIÇÃO: [190...]

EDIÇÃO Nº 588

EDITOR: Tabacaria Costa - Rua do Ouro, 295 - Lisboa

COR: preto e branco

TÉC. IMPRESSÃO: fototipia

OBSERVAÇÕES: Bernardo de Sá Nogueira de Figueiredo (1795 - 1876), foi o 1º barão, 1º visconde e 1º marquês de Sá da Bandeira.

Monumento a Sá da Bandeira

134

LOCAL DE EDIÇÃO: Lisboa

ANO DE EDIÇÃO: [190...]

EDIÇÃO Nº 50

EDITOR: M. & R. [Malva & Roque]

COR: policromia

TÉC. IMPRESSÃO: fototipia animada

OBSERVAÇÕES: Sito na Praça D. Luís, o monumento, da autoria do escultor italiano Giovanni Ciniselli, com base arquitectural de Germano José de Sales, foi inaugurado em 1884.

135

Lisboa - Estatua do Marquez de Sá da Bandeira

LOCAL DE EDIÇÃO: Lisboa

ANO DE EDIÇÃO: [193...]

EDIÇÃO Nº

EDITOR: B. & S. - Lisboa

COR: preto e branco

TÉC. IMPRESSÃO: fotografia

OBSERVAÇÕES:

Monumento ao Marquez Sá da Bandeira

136

LOCAL DE EDIÇÃO: Lisboa

ANO DE EDIÇÃO: [190...]

EDIÇÃO Nº 2008

EDITOR: Tabacaria Costa - Rua do Ouro, 295 - Lisboa

COR: policromia

TÉC. IMPRESSÃO: fototipia animada

OBSERVAÇÕES: À direita nota-se a torre sineira da Igreja das Chagas.

137 Pregões de Lisboa - Quentinhas - d'herva-doce

LOCAL DE EDIÇÃO: Lisboa

ANO DE EDIÇÃO: [191...]

EDIÇÃO Nº

EDITOR:

COR: policromia

TÉC. IMPRESSÃO: litografia

OBSERVAÇÕES: Desenho de Alice Rey Colaço, filha de Alexandre Rey Colaço e de Alice Smith Lafourcade.

Pregões de Lisboa - Cabaz de morangos

138

LOCAL DE EDIÇÃO: Lisboa

ANO DE EDIÇÃO: [191...]

EDIÇÃO Nº

EDITOR:

COR: policromia

TÉC. IMPRESSÃO: litografia

OBSERVAÇÕES: Desenho de Alice Rey Colaço.

139 Pregões de Lisboa - Queijo saloio

LOCAL DE EDIÇÃO: Lisboa

ANO DE EDIÇÃO: [191...]

EDIÇÃO Nº

EDITOR: Papelaria Guedes - Rua Aurea, 80 - Lisboa

COR: policromia

TÉC. IMPRESSÃO: litografia

OBSERVAÇÕES: Desenho de Alice Rey Colaço.

Pregões de Lisboa - Azeitonas novas

140

LOCAL DE EDIÇÃO: Lisboa

ANO DE EDIÇÃO: [191...]

EDIÇÃO Nº

EDITOR:

COR: policromia

TÉC. IMPRESSÃO: litografia

OBSERVAÇÕES: Desenho de Alice Rey Colaço.

141 Lisboa - Costumes Portugueses - Amolador

LOCAL DE EDIÇÃO: Lisboa

ANO DE EDIÇÃO: [190...]

EDIÇÃO Nº 416

EDITOR: S. & R. [Tabacaria Rocha - Rua do Arsenal, 98 - Lisboa]

COR: policromia

TÉC. IMPRESSÃO: fototipia animada

OBSERVAÇÕES:

Lisboa - Costumes Portugueses - Vendedor de fructa

142

LOCAL DE EDIÇÃO: Lisboa

ANO DE EDIÇÃO: [190...]

EDIÇÃO Nº 418

EDITOR: S. & R. [Tabacaria Rocha - Rua do Arsenal, 98 - Lisboa]

COR: policromia

TÉC. IMPRESSÃO: fototipia animada

OBSERVAÇÕES:

143 Lisboa - Costumes Portugueses - Padeiro

LOCAL DE EDIÇÃO: Lisboa

ANO DE EDIÇÃO: [190...]

EDIÇÃO Nº 419

EDITOR: S. & R. [Tabacaria Rocha - Rua do Arsenal, 98 - Lisboa]

COR: policromia

TÉC. IMPRESSÃO: fototipia animada

OBSERVAÇÕES:

Lisboa - Costumes Portugueses - Vendedor de peixe

144

LOCAL DE EDIÇÃO: Lisboa

ANO DE EDIÇÃO: [190...]

EDIÇÃO Nº 410

EDITOR: S. & R. [Tabacaria Rocha - Rua do Arsenal, 98 - Lisboa]

COR: policromia

TÉC. IMPRESSÃO: fototipia animada

OBSERVAÇÕES:

Bibliografia

Bibliography

ALMANACH PALHARES - ***Burocratico e Commercial*** - *1903* - 5º anno; Typ. da Papelaria Palhares, Lisboa, 1902.

CARVALHO, J. M. Teixeira de: ***Notas de Arte e Crítica***; Livraria Moreira, Porto, 1926.

CARVALHO, Serra de, AZEVEDO, João: ***O Bilhete Postal Ilustrado no Concelho de Caminha e na Primeira Metade do Século XX***; Câmara Municipal de Caminha, Caminha, 1991.

CASTILHO, Júlio de: ***Lisboa Antiga - O Bairro Alto***; 3ª ed. renovada e anotada por Gustavo de Matos Sequeira; 5 vols., Câmara Municipal de Lisboa, Lisboa, 1955.

GRANDE ENCICLOPÉDIA PORTUGUESA E BRASILEIRA (50 vols.); Editorial Enciclopédia Limitada, Lisboa, s. d.

GRÜNER, Klaus W.: ***Recordando Portugal em Antigos Postais*** - Exposição no Paço Imperial (catálogo); Rio de Janeiro - Brasil, 1989.

GUIA DE PORTUGAL: ***Lisboa e Arredores***; Biblioteca Nacional de Lisboa, Lisboa, s.d.

MARQUES, A. H. de Oliveira: ***Guia da História da 1ª República Portuguesa***; Editorial Estampa, Lisboa, 1981.

MONUMENTOS E EDIFÍCIOS NOTÁVEIS DO DISTRITO DE LISBOA - tomo II (vários anos em 3 tomos); Assembleia Distrital de Lisboa, Lisboa, s. d.

PORTUGAL, Eduardo: "O Bilhete Postal Como Elemento de Propaganda" in ***Primeira Reunião Olisiponense***, 1º vol.; Câmara Municipal de Lisboa, Lisboa, 1948.

QUEIRÓS, Eça de: ***Obras Várias***; Livros do Brasil, Lisboa, s. d.

ROTEIRO DE LISBOA; EPNC, Lisboa, 1980.

SILVA, Maria Graça Nolasco e outros: ***Lisboa nos Princípios do Século. Aspectos da Sua Vida e Fisionomia na Colecção de Postais Ilustrados da Biblioteca Nacional de Lisboa***; Biblioteca Nacional de Lisboa, Lisboa, 1977.

SILVA PASSOS, José Manuel da: ***O Bilhete Postal Ilustrado e a História Urbana de Lisboa***; Editorial Caminho, Lisboa, 1990.

SILVA PASSOS, José Manuel da: "A Importância do Postal Ilustrado Para a História Urbana" in ***Património*** nº1 / Novembro; SALPA, Setúbal, 1983.

SILVA PASSOS, José Manuel da: ***O Postal Ilustrado***; FADEPA, Setúbal, 1982.

SOUSA, Vicente de, JACOB, Neto: ***Portugal no Primeiro Quartel do Século XX Documentado Pelo Bilhete Postal Ilustrado*** - 1ª Exposição Nacional de Postais Antigos, Bragança, 1984; Câmara Municipal de Bragança, Bragança, 1984.

TENGARRINHA, José: ***História da Imprensa Periódica Portuguesa***; Portugália Editora, Lisboa, 1965.